CHERRY SALMON & YAMAME BEHAVIORS FOR FISHING

鱒釣りと種の起源を探る特別講座

サクラマス・ヤマメ 生態と釣り

棟方 有宗
MUNAKATA ARIMUNE

つり人社

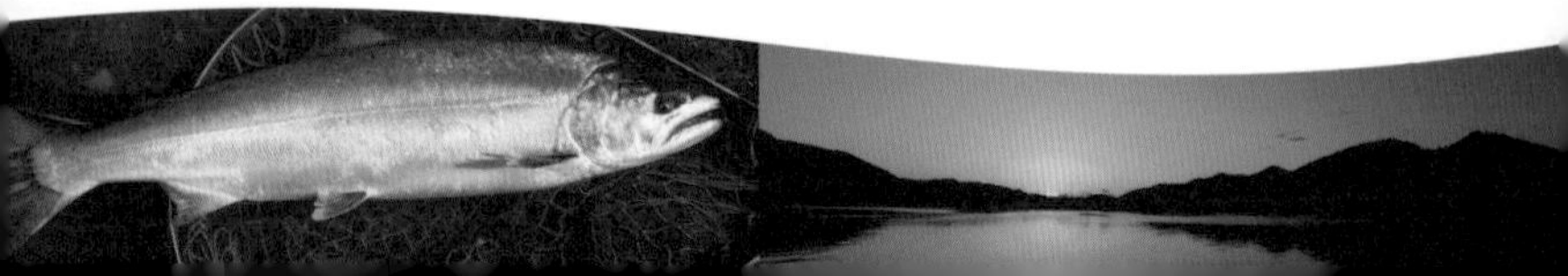

釣りと魚をより深く理解するための生態学 Q&A

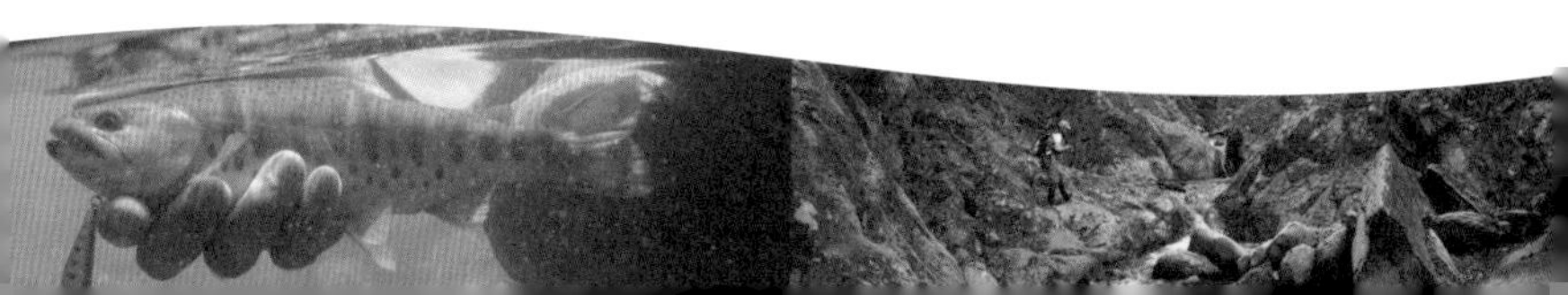

写真協力　石関伯秀・木岡弘充・齋藤進・坂下武彦・菅原泰
本文イラスト　廣田雅之
装丁　神谷利男デザイン株式会社

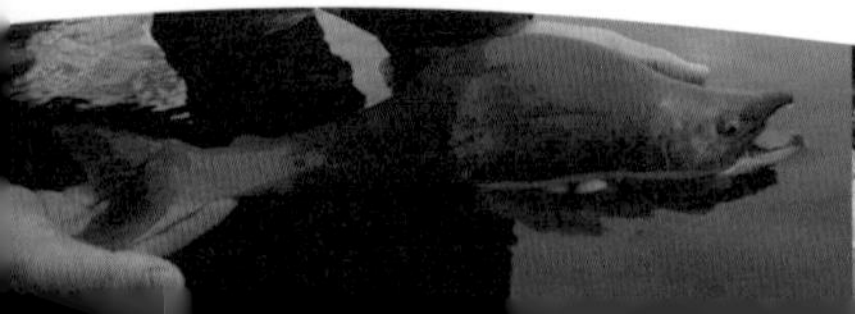

まえがき

はじめてヤマメを釣った夏の日の光景は、今でも鮮明に脳裏に焼き付いている。その景色を思い浮かべるだけで当時のグラスロッドの持ち重りする感覚や、朝もやの山林から聞こえてくるヒグラシの鳴き声、ドロッペンの鈍い光沢がよみがえってくる。あれからほぼ40年、私は今もヤマメたちに魅了され続けている。

本書は、私が大学院生やポスドクの頃、日がな一日ヤマメやサクラマスのことを考えていた頃に抱いた疑問や、それらに対する自分なりの答えやアイデアを雑誌『鱒の森』の連載「アングラーのための生態学教室。棟方トラウトゼミナール。」に書き綴らせていただいたものである。大学院に進学した頃、私は指導教官であった会田勝美博士の勧めに従い、サクラマスの回遊行動におけるホルモンの役割を明らかにする研究に取り組んでいた。しかし、当然ながら実験は必ずしも順調に進むわけではなく、そんな時には気分転換と称して中禅寺湖や湯ノ湖のホンマスや、いろは坂を降ったところにある銘川大谷川のヤマメをねらいに出かけていた。結局は当時、寝ても覚めてもサクラマスのことを考える生活にどっぷり浸っていたことに、あらためて気が付いた。

サクラマスは、知れば知るほど不思議な魚であり、釣りをしていると本流域にサクラマスそっくりの銀ピカの個体（本流ヤマメ）がいたり、そうかと思えば下流域ではっきりとパーマークを浮かべたヤマメが釣れたりして、驚きと発見の連続であると同時に、学術的にはパンドラの箱を開けてしまったことに対する不安感も生じた。

しかし、この数十年の間に日本のサクラマスやサツキマス、台湾のサラマオマス、それにアメリカや北欧のサケ科魚類を見てきたことで、おぼろげながらサクラマスの生活史戦略や彼らの進化の道筋が見えるようになってきたような気がしている。もちろん、こうした浮かんだアイデアの中には私が大いなる勘違いをしているものや、自分自身、これは公表するには時期尚早と感じているものもある。しかし、本書ではあえてこうしたPreliminaryなアイデアも全てそのまま掲載していただくことにした。そうすることで少なくともいくつかのアイデアを”仮説“として世に問い、議論や批判を通して将来の正しい理解が前倒しで進むかもしれないからである。それが実現するならば、サクラマスの研究者、かつアングラーの端くれとして本望である。

本書を作るうえで、『鱒の森』への連載をお認めくださり、いつも的確なアドバイスをいただいている宇野章則さんにはあらためて大変お世話になりました。この場を借りて深謝します。また、本書の出版を企画してくださり、粘り強く原稿をブラッシュアップして下さったつり人社の小野弘さんをはじめとする諸氏に心よりお礼申し上げます。願わくば、サケ研究界の巨人であり、かけがえのない友人であり、今は天国からトラウトを眺めておられるはずの故David Noakes博士にもこの本の刊行の知らせが届くことを祈ります。

序章

サクラマスの基礎生態について

フィッシングターゲットとしてのサクラマスを生物学的な視点を加味してとらえたとき、そこに浮かび上がるのはユニークな生態と、より多くの謎である。本書を読み進んでいただく前に、まずそのことに軽く触れておきたい。

広瀬川の中流域で釣りあげられたサクラマス

本書で中心的に触れることになるサクラマスとは、どのような魚だろうか。ここではまず、とくにサクラマスやヤマメを釣りのターゲットとするアングラーにむけて、彼らの基礎生態を紹介したい。

これから本編でも様々な角度からこの魚のことを眺めるが、サクラマスとは、北太平洋の西側、ことに日本とロシアを中心に生息するサケ類（太平洋サケ属）の一種である。後述するように、日本にはサクラマスの他にもサツキマスとビワマスが、また隣国の台湾にはタイワンマス（サラマオマス）が分布しており、一般にこれら（4者）はまとめて、サクラマス群と総称されている。

サクラマス群のうち、最も分布域が広く、かつ資源も最大規模と考えられているのが、サクラマス（*Oncorhynchus masou masou*）である。サクラマスの卵は、秋にメス親魚によって川の上流に掘られた産卵床（redd）の中に産み落とされ、ほぼ同時にオスによって受精された受精卵は冬の間に孵化（hatch）する。サクラマスの誕生である。孵化したての仔魚にはまだ腹部にオレンジ色の卵黄嚢《のう》がぶら下がっているが、やがてその中に含まれている栄養分が吸収されることで収縮し、そのタイミングとあいまって仔魚は産卵床の砂礫の隙間から川の中へと浮上してくる。浮上した稚魚（parr）の体側には、本種に特有の黒い斑紋（parr mark）があることが知られている。

川の中を泳ぎ出した稚魚は、最初は川岸の流れが緩い浅瀬で小型の水生昆虫類などをついばむように摂食しているが、やがて成長とともに遊泳力が向上すると流れが強い沖合の流心部へと出ていくようになる。またこの頃、稚魚間では徐々に成長速度にばらつきが生じ始め、とくに摂餌活動が盛んだったことで体サイズが大型化した稚魚は優位個体（dominant）となり、その付近では最もエサが採りやすい岩や流木の周囲にナワバリを構えるようになる。このような dominant な稚魚の多くは、そのまま一生を川で過ごす河川残留型となる。これらが俗に、ヤマメと呼ばれる。後述するように、ヤマメは河川内でも十分に成長を成し遂げ、性成熟を行なうことができるため、早熟魚とも呼ばれる。

一方、上述した摂餌競争に敗れるか、あるいは競争はなくてもともと入手可能なエサが少ないなどの理由で成長速度が小さくなってしまった稚魚（劣位個体 :subordinate）は、約1歳半となる春までに未成熟なまま体色を銀白色化させ、川を降る降河回遊型すなわち銀化魚（スモルト）となる。なお、一般（教科書的）にはこのようにサクラマスは大きく河川残留型（早熟魚）と銀化魚（未成熟魚）の2相に分化するとされているが、多くの地域では河川残留型でありながらある程度川を降るヤマメや、銀化魚でありながら海にまでは降りない本流ヤマメなどのバリエーションが現れることも分かってきている。つまり、川の中では上流域に残る河川残留型（ヤマメ）vs 海に下る銀化魚（サクラマス）といった2つの対立軸の間のニッチ（空白地帯）を埋めるように、諸々のバリアントたちが現われると考えられる。

フィッシングターゲットとしてのサクラマスとヤマメ

さて、ちょうどこの頃から、河川残留魚や銀化魚、さらにはこれらのバリアントたちが釣り人の好敵手としても存在感を増すようになる。日本では古来、こうした河川生活期の稚魚たちはエサ釣りや毛バリ（テンカラ）で、また最近ではルアーやフライ（西洋式毛バリ）で、といったように、世界でも類を見ない多様な方法で釣られている。選択肢があまりに多いため、最初はどの釣りから入門すべきか大いに悩むところであるが、これらの釣法はいずれも基本的にはサクラマスが水生昆虫や小魚、川に落ちてくる陸生昆虫、さらにはミミズといった小動物を捕食する性質（食性）に訴える点で、共通している。また、実際には用いられるサオや仕掛けが4者4様であるが、これらの釣法を2種類に大別するとすれば、エサ釣り、テンカラ、フライが主に昆虫類やミミズ、イクラといった小型のエサを意識するのに対して、ルアーではおもに川魚などのやや大型のエサが想定される、と言える。また、別の視点から見れば、前3者は比較的ストレートにヤマメやサクラマスの摂餌行動に訴えかける釣法であるのに対して、ルアーは摂餌行動のみならず、ヤマメやサクラマスの攻撃行動や反射（リアクション）にも強く訴えることができる点で一線を画していると言える。

では、1尾のヤマメをねらう時、我々は上記の4種類の釣り方の使い分けも含めて、どのような戦略・戦術を立てればよいだろうか。まず、成長期の過程にあるヤマメやサクラマスの稚魚をねらうためには、彼らがその日、その時に多く食べているエサアイテム、あるいはそれを模した毛バリ、ルアーを選択することが基本的な戦術となり得る。いわゆる、match the baitの釣り方である。たとえば、何らかの水生昆虫が一斉に水面で羽化している時や、周囲にエサとなるウグイやアユなどの川魚が多く泳いでいる場合、その付近にいるヤマメやサクラマスはこれらの特定の餌生物を脳内で強く意識し、ターゲットに対する摂餌行動をパターン化して繰り返し発現していると考えられる。したがってこのような時には同じ種類のエサや毛バり、ルアーをポイントに流す（混ぜこむ）ことで比較的容易に彼らのパターン化された摂餌行動が誘発できるものと考えられる。

一方、他の多くの釣りと同様、こうしたmatch the baitの釣りが常に最適解となるわけでもない。たとえば、時にはヤマメがほとんど小魚を捕食していないようなシチュエーションでもルアー（ミノー）で連続ヒットしたり、その日、その場所にはほとんど存在しないと思われるミミズやイクラでよく釣れたりすることがある。それは、なぜだろうか。おそらく、可能性の1つとしてはヤマメやサクラマスの多くが普段はその場に多く存在するメジャーな餌生物を捕食している場合でも、時折現れる小魚やミミズ、イクラといったエサがボーナス的なエサアイテムとして映り、瞬時にこれらに対する摂餌の衝動が誘起されるためだと考えられる。またこの時、ボーナスにはおもに2つの意味があると思われる。1つは、彼らがルアー（ミノー）で釣れる時のように、通常は比較的小型の水生昆虫などを繰り返し食べているヤマメやサクラマスに、ルアー（小魚）が特大、かつ高カロリーのエサの塊として映る可能性である。またもう1つは、ミミズやイクラのように、普段摂取しているものとは異なる栄養成分（あるいは味）が含まれたレアなエサに魚たちが惹かれる、という可能性である。たとえばそれは、通常は陸上で植物を摂食しているヘラジカが、必須元素であるナトリウムを摂取するために川の中（水中）に生えている水草にも惹かれることと似ている。

さて、こうして我々の好敵手となるヤマメやサクラマスであるが、これらのうちヤマメ（や本流ヤマメ）のほうは、河川内で1~2年間にわたって活発に摂餌活動を行なうことで十分に成長を遂げると、多くの個体が夏以降は秋の産卵に向けて性成熟を開始する。一方、川から海に未成熟な状態で降りた銀化魚（サクラマス）は、降海後は太平洋、または日本海を北上してオホーツク海周辺まで索餌回遊を行なう。また、こうして回遊の過程で十分に摂餌行動を行ない、成長を遂げたサクラマスはやはり秋に母川で産卵を行なうための準備として、性成熟、次いで母川回帰行動を開始する。

こうして性成熟のスイッチが入ったヤマメやサクラマスは、春から秋にかけて、徐々に河川内を上流域の産卵場に向けて遡上する。この時、ヤマメでは体長が最大で40㎝程度に、またサクラマスでは最大で70㎝程度に達する個体も現れる。これらが、この釣りにおけるもう一つの魅惑のターゲットである。

これらの大型のヤマメやサクラマスも、基本的には前述した4種類の釣り方（エサ、テンカラ、フライ、ルアー）でねらうことができる。ただし、ねらって釣った時の確率や、釣り方の戦術はいずれの釣法の場合も前述した稚魚期の時とは大きく異なってくる。最大の要因は、こうした大型のヤマメやサクラマスは、十分な成長を遂げて（終えて）性成熟モードに切り替わったことで、それまでの摂餌の衝動が大きく減少していることだと考えられる。つまり、これらの魚に対してはそれまでのように match the bait や、エサをボーナス的要素として見せる戦術は基本的には通用しにくいと考えられる。

では、夏以降に性成熟フェーズに移行したヤマメやサクラマスのバイトを引き出すためには、どのような戦略を立てればよいだろうか。先述したように、この時期の魚は秋に上流域で繰り広げられる熾烈な繁殖活動において勝ち残るため、生理的には成長期にも増して攻撃性が高まっている状態にあると考えられている。このことからも類推できるように、とくに夏から秋にかけて、性成熟のフェーズにある魚たちをねらうためには、基本的に彼らの攻撃の衝動に訴えた釣りを展開することが重要となる。

以上のように、ヤマメやサクラマスをエサやテンカラ、フライ、ルアーでねらうためには彼らのその時々の発達段階や、生理的には摂餌や攻撃の衝動の大きさを見計らいながら適切な仕掛けやテクニックを選択し、時には複数のテクニックを組み合わせながら、その順番やタイミングを微調節することが求められる。なおかつ、その答えは釣果をみるまでわからず、かつそれが最適の選択であったかどうかは、基本的には判断がつかない。一見すると、一連の行為は煩雑で、暗中模索の徒労に終わってしまうリスクもはらむ。だがこうした多面的なアプローチが許容される世界だからこそ、そこから導かれるセオリーも多種多様で、一つ一つがサクラマスという謎多き魚の生態の核心に近づく、唯一無二のパスポートになる。ようこそ、サクラマスのディープな世界へ。

第1回

河川内回遊型のヤマメ

日本のヤマメ（*Oncorhynchus masou masou*）にはさまざまな呼称を与えられたバリエーションが見られ、世界のサケから見ても興味深く、一生かかってでもその謎に迫る価値がある。その中でも今回は、尺上が含まれることも多い、本流ヤマメ、戻り、あるいは疑似銀化と呼ばれる一群について考察したい。

砂鉄川で釣りあげられた本流ヤマメ（小川大輔撮影）

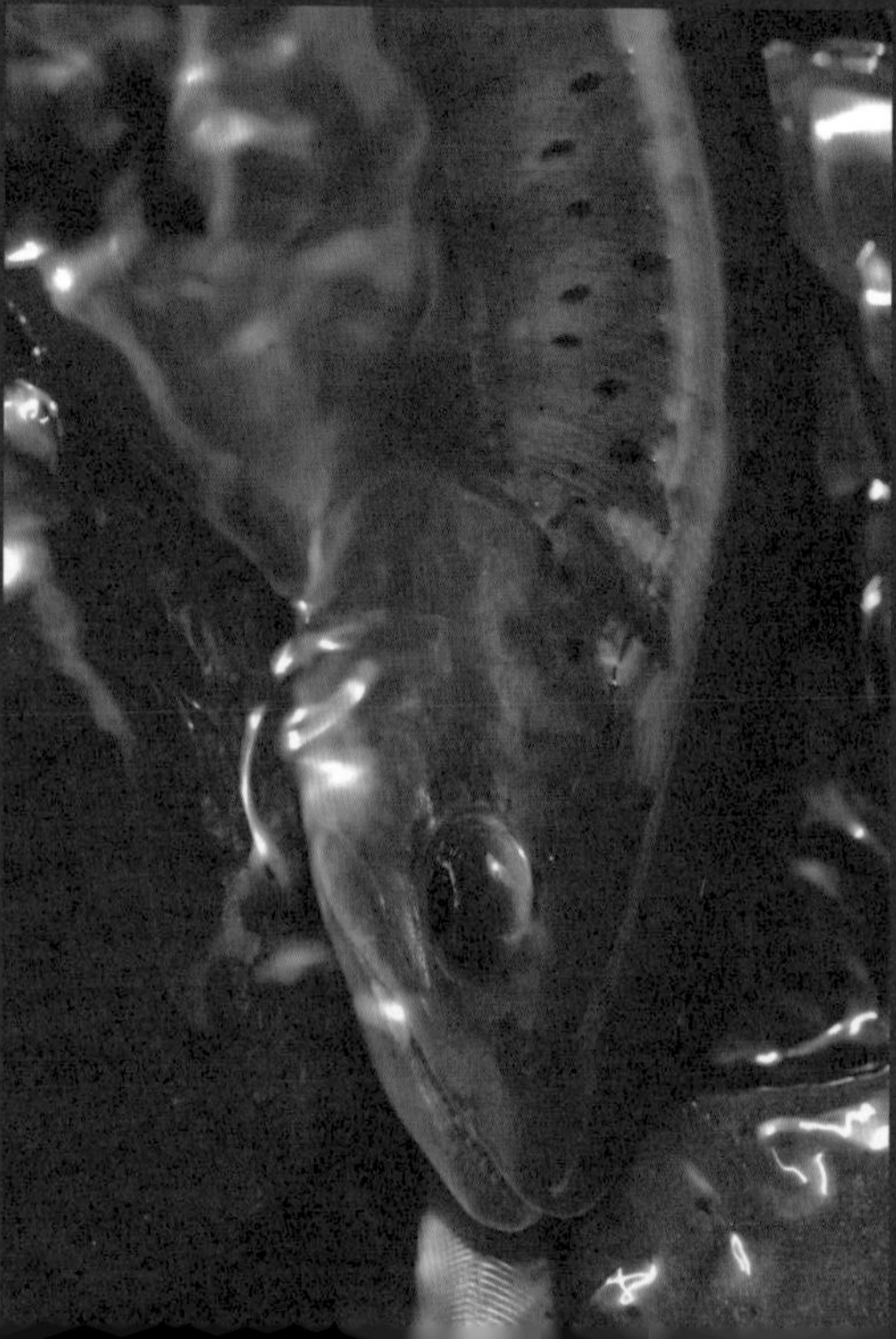

中下流域での予想外の出会い

小学生の頃に多摩川の支流である秋川渓谷でヤマメをねらい始めた私にとって、尺以上のヤマメを釣りあげることはまさに長きにわたる課題であった。当時はヤマメをねらえるルアーに徐々にバリエーションが増えつつあった時代で、次々に雑誌などで新理論が発表されていた。しかし私はまだドロッペンやプリズナーくらいしか信頼できるルアーを持っておらず、また（おそらく）当時屈指の激戦河川で釣りをしていたこともあり、7寸の壁を越えるのにも数年以上を要したと記憶している。時折写真でのみ見かける尺上ヤマメはいつしか至高のターゲットとして刻まれ、そのまま今日に至っている。

仙台近郊の川は確実に尺ヤマメをストックしているが、その数は他の有名河川に比べると少ないほうで、これをねらい撃ちするのはとてつもなく難しいかもしれない。仙台に移った頃、そんな風に感じていた。山渓のガイドブックに毎晩目を凝らし、空き時間が見つかれば尺上がいそうなエリアを見て回った。しかし、秋川渓谷が原点の私にとっては雪代の本流のどこに軽量スプーンを放り込めばいいか皆目見当も付かず、必然的に足は上・支流域に向かった。そこでも、秋川に勝るとも劣らない流麗なヤマメたちと数多く出会えた。新緑のブナ帯の木漏れ日の下、いかにも多くの栄養分を蓄えた水色を泳ぐヤマメたちは、まさに東北地方を象徴する光景だと感じられた。しかし、宿願の尺上ヤマメには出会えていなかった。

ところが翌年（2004）の5月末、整形外科の帰り（前日に河原で転んで薬指を脱臼）に時間つぶしでサオをだした中流域で、あっさりと白昼にミニサクラマスと呼べるような31㎝が出た。もしかすると尺上は、思ったよりも下流にいるのではないかという思いが頭をよぎり、混乱した。しかし、この辺りは夏には水温が25℃にも達するアユの領域である。だとするとこの魚は、たまたま上流から降りてきたはぐれヤマメなのだろうか（注：今はヤマメの行動にはすべて明確な理由があると考えている）。

当時、いろいろなことを想像したが、どうせならともう少し試すことにした。その結果は意外と早く得られ、まず数日後、疑心暗鬼で投げていたスプーンの下から銀白色の魚がギラリとチェイスしてきた。ならばと次のねらいは一気に標高数十メートルに満たない最下流域に移した。少なくともウグイは釣れるだろう、とある瀬にDコン63をキャストすると、数投で強烈にルアーがひったくられた。こういう不意の時に私がよくやるように、この時も反転しようとするノブに指がはじかれ、むなしくもルアーだけが泳いで帰ってきたが、尺上ヤマメと思われる魚がこんなにも下流にいるであろうことに胸が高鳴った。結論を言うと、さらに数キャスト後、ネットの中にはメタリック色の34㎝が横たわっていた。

"河川内回遊型"と名付けた尺上ヤマメの行動様式

尺上ヤマメは下流にいる。しかもかなりの下流域にまで。だが、このあたりはヤマメが夏を過ごすには水温が高すぎる。だとすれば考えられるのは、これらの魚は水温が下がる秋から冬の間だけ、ここに（越冬しに）降りてきているということである（後日、生理学的に明らかになったが、この一群は海にまでは降りていない)。また、この川のヤマメの大半が上流域のダム下などで産卵することを踏まえると、彼らは秋になる前に川を上流域へと遡上するはずである。この群れの遡上行動を読み、何ヵ所かで待ち受けることができれば、シーズンをとおして尺上と出会えるのではないか。そう考えると、研究を離れ、いち釣り人として、いても立ってもいられなくなった。

あとから知ったが、同じようなことを感じ、似たようなタイミングでヤマメをねらっているアングラーは他にもいた。のちに出会ったフィッシュテイルシルバーの堺さんもその1人である。最近は、こうした一群が5~7月にかけて、上流に向けて第1回目の大規模な遡上を行なうことが経験的に分かってきた。これは別の機会に詳説したいが、音波発信器を装着した尺上ヤマメは雨後の増水の引き際に大きく遡上することも分かってきた。私はこうした行動様式を持つヤマメ達を〝河川内回遊型〟と呼んでおり、本流ヤマメや戻り、疑似銀化の多くもこの範疇だと思っている。東北地方の中規模以上の川や関東の鬼怒川などにも見られるタイプで、海にまで降りないサクラマス、といった感じで捉えている。上流域と下流域が構造的・環境的にシームレスにつながった時にのみ現われる、希有な存在と言える。

カワウの影響

今年(2019)も、河川内回遊型をねらい撃ちするためのピンポイント釣行を6月下旬に行なった。選んだ場所は、そこよりも下流が開けた瀬が中心、そこから上流は徐々に峡谷となっ

2019年6月、堺淳さんが釣りあげた仙台の32㎝。背中にはっきりと嘴の傷が残っていた

て大小の淵が連なるエリアの境界領域といった場所である。もしもここに早く来すぎると河川内回遊型はまだ到達しておらず、逆にタイミングが遅れると良型の多くが峡谷の淵の中に入ってしまい、秋の第二の遡上期まで出会う確率が低くなってしまうと考えている。

今回は、経験的にタイミングもドンピシャのはずであったが、私だけでなく、このエリアに精通する堺さんにもなかなか手応えがなかった。相手が生物であり、ねらう側が釣り人である以上、これは日常とも言える。しかし今回、堺さんと見立てが一致したのは、ここ数年で東北地方でも増えつつあるカワウの影響である。カワウは、大づかみに言うと関西で増えた個体群が東日本に進出し、ここ数年で東北地方にも勢力を拡げてきている。水系ごとにまだ差があるが、仙台近郊河川ではここ数年でコンスタントに目撃されるようになった。堺さんによると、同じパターンで釣行していても、明らかに釣れる魚が減ったという。奇しくもその会話の直後に堺さんが淵尻から引きずり出したこの日唯一の、それでも堂々たる尺上ヤマメの背中には、はっきりと鳥の嘴《くちばし》によると思われる傷跡が残されていた。

その他にも、数年前まではヤマメに混ざって釣れていて、むしろ疎ましがられていたウグイが釣れなくなっており、カワウによって足の遅いウグイや食べられやすい中小のヤマメが駆逐され、かろうじて残っているのが嘴を振り払うだけの自重と体力を備えた写真の河川内回遊型という、悲観的な状況を暗示しているようにも思えた。もちろん、すべての異変をカワウに押しつけることはできない。堰堤による回遊の抑制や、ここ最近の大水による河床の砂礫の流失の問題もあり、こうした背景によって減少したヤマメたちにカワウが追い打ちをかけているという構図も思い浮かぶ。いずれにしても、世界的に類を見ない存在といえる日本のヤマメのシーズンは、今年も多くの憂いを含んだまま終了したと言える。

だがじつは、それも我々アングラーにとっての話であって、水面下では今もヤマメたちが与えられた環境の中で次の世代に命を受け渡すべく、奮闘している。今は彼らを見守りつつも、来る将来には我々アングラーの助力が求められる局面もあろう。来年以降に向けて、あれこれと想いをめぐらせるオフシーズンがしばらくは続くことになる。

第2回

ビワマス(Oncorhynchus masou sub sp.)の謎

サクラマスといえば単独の魚種（亜種）（*Oncorhynchus masou masou*）のことを指すが、サクラマス群というと、そこにはサクラマス、サツキマス、ビワマス、サラマオマス（台湾鱒）が含まれる。これら４者の関係性を、オフシーズンの長い夜のテーマとして考えてみたい。

琵琶湖で採捕されたビワマスの成魚（藤岡康弘撮影）

サクラマスとサツキマスのルーツを解く鍵はビワマスにある⁉

ビワマス（琵琶鱒）に馴染みが深いというアングラーは、そう多くはないのではないだろうか。この鱒が琵琶湖とそこに流れ込む数十本の川にしか分布しておらず、日本の鱒の中でも少数派ということもあるが、いくつかの理由で長い間ルアーのターゲットとして普及してこなかったという側面も大きいと思われる。しかし、ビワマスは現代のメインストリームであるサクラマス、サツキマスといったサクラマス群の祖先（ルーツ）にあたる亜種であり、一連の進化を考察する上でもきわめて重要な存在と考えられる。11月に琵琶湖を訪ねる機会があったので、少し掘り下げてみたい。

現在、日本ではサクラマス（ヤマメ）とサツキマス（アマゴ）が大きな分布域をもっており、これらがアングラーの意中の鱒としても双璧をなしていることは、周知のとおりである。では、こうして繁栄を遂げ、我々を惹きつけてやまない鱒たちは、いつ、どこから現われ、どのように現在の分布域を築いてきたのだろうか。

まず、現在の両者の分布域を地図に落として考えてみたい。サクラマスはロシアを分布域の北限とし、北海道を経て太平洋側では神奈川県まで分布している（23頁図参照）。また日本海側では九州南部までのほぼ全域に分布し、さらに太平洋側に回り込んで九州南東部にまで分布域をひろげている。一方、サツキマスは神奈川県から九州南東部までの太平洋側と、その間に含まれる瀬戸内海の両岸に分布している。

つまり、俯瞰するとサクラマスは主に北海道~東北を中心とした東北側に、サツキマスは東海〜中四国を中心とした南西側に分布しており、どちらかといえばサクラマスのほうが広いものの、大局的には互いに分布域（勢力）を2分してせめぎ合う、対立関係にあるようにも見える。

では、サクラマスとサツキマスはそれぞれいつ頃に現われ、どのようにして現在の分布域を築いたのだろうか。詳しいことはまだよく分かっていないが、近年のＤＮＡの分析によると、両者は今から約5〜2万年前に進化的に枝分かれ（分化）した可能性が高いと考えられている。つまり、単純に想像するとこの頃にサクラマスからサツキマスが、あるいはサツキマスからサクラマスが分化（出現）し、以降別々の進化の道を辿ってきたと考えられる。なおこれは、イトウ属から連綿と続くサケ科魚類の進化の過程ではごく最近の出来事だったと言うことができる。

ただし、ＤＮＡの分析結果から導かれるのはここまでであり、この情報だけではサクラマスとサツキマスのどちらが先に日本に定着したかということや、両者がどのようにして現在の場所に分布域を築いたかといったことまでは見えてこない。この謎を解くヒントがじつはビワマスに秘められているとしたら、どうであろうか。

11月、琵琶湖西岸の安曇川の北船木漁協を訪ねた。この川で生まれたビワマスの稚魚は、ほとんどが生後数ヵ月経った5月頃に琵琶湖に降り、そこで2〜5年ほどかけて成長するという。そのため、ビワマスではヤマメやアマゴのように稚魚を川でねらう釣りは発展してこなかったが、最近では湖内での成魚の分布や回遊パターンが徐々に解明され、それをねらったトロウリングなどの釣りが普及しつつあるという。

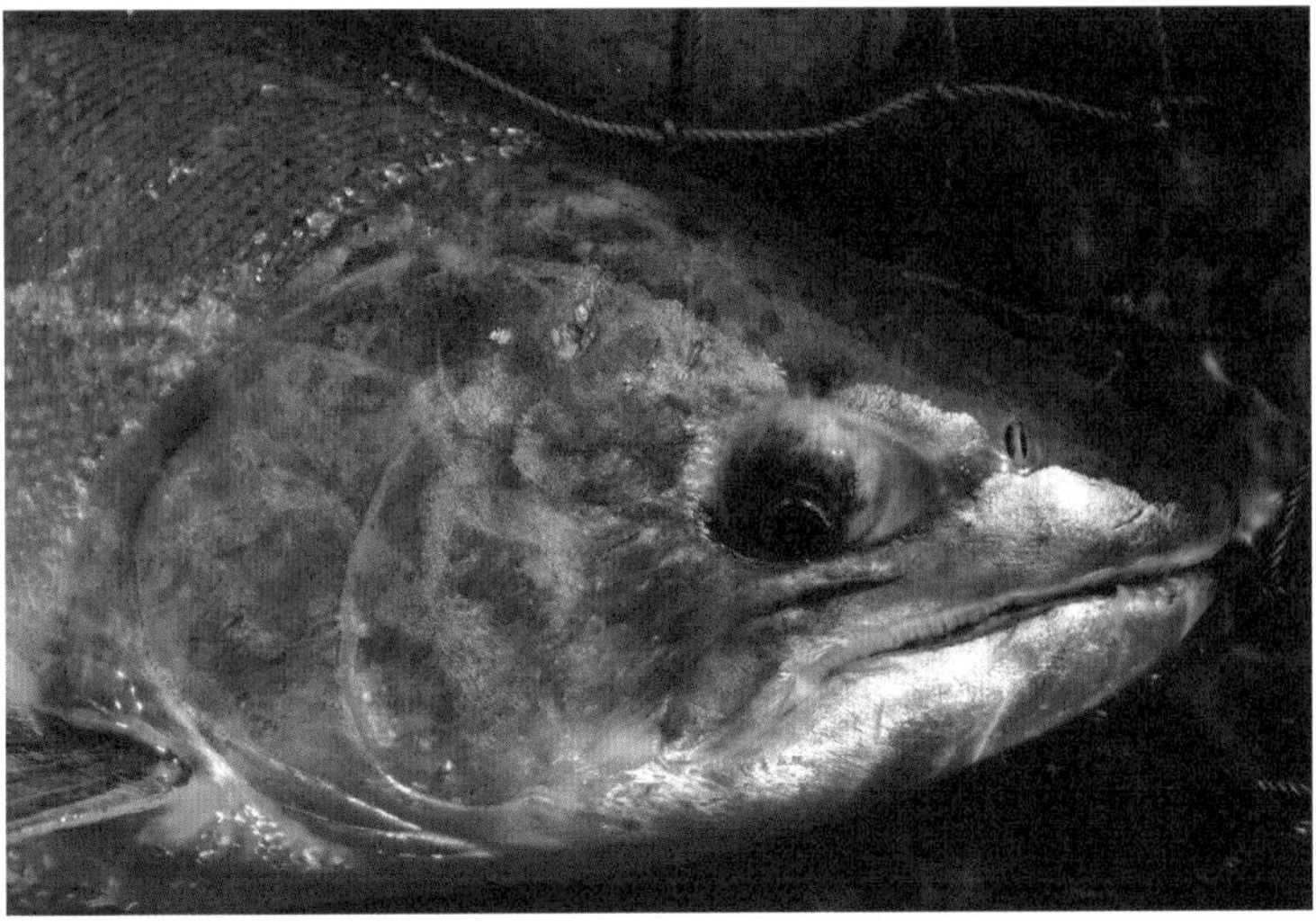

サクラマスは今から約５～２万年前に
進化的に枝分かれした可能性が高い

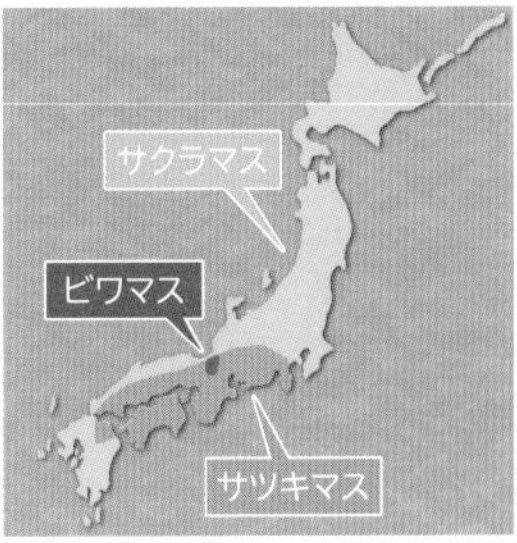

サクラマスとサツキマス、
ビワマスの分布図

安曇川の河口から数百メートル上流に設置された遡上トラップ（簗《やな》）に併設された網生け簀《す》では、前日の雨で遡上した体長40～50cmの親魚（次世代の採卵のために漁協が採捕している魚）が泳いでいた。なお、余談であるが、琵琶湖最大級のビワマス遡上河川である安曇川は、河口のデルタ地帯で川の流れが南流と北流に分かれていて、簗が設置されていない北流からは常に親魚が上流に遡上して自然産卵を行なえるように配慮されている。今年も10月には多くの親魚の自然産卵が見られたとのことであった。

今回、ビワマスの親魚をはじめて間近で見たが、個人的には背中の黒点が濃く、胸ビレが強く張り出している印象をもった。ただ、一見すると同じサクラマス群であるサクラマスやサツキマスと比べてなんら遜色なく、一切の無駄を排した引き締まった体躯はいつ見ても惚れ惚れする。

しかし、眼前を泳ぐこのビワマスたちは、じつは遡ること約50万年前に分化（出現）した、現存するサクラマス群の最古の集団であることが最近の研究で示されている。つまり、ビワマスはサクラマスやサツキマスが現われるはるか前から日本に棲みついていた、太古の鱒族の末裔ということになる。

なぜこのような奇跡が起こったかというと、それは古代湖と呼ばれる琵琶湖が数十万年にわたって安定した環境を保ち、そこに棲みついたビワマスが海とは切り離された環境の中で偶然にも今日まで命を紡いできたからだと考えられる。なお、ビワマスの詳しい生態について関心がある方は、成書『川と湖の回遊魚ビワマスの謎を探る』・藤岡康弘著を参照いただきたい。

琵琶湖が中心にある意味

さて、ここまで見たところで再度、サクラマスとサツキマスの関係性やそれぞれの進化について、私見を交えて考察してみたい。冒頭ではサクラマス群の双璧をなすサクラマスとサツキマスが日本列島内で南北に分布域（勢力）を2分する対立関係にあるという見方を紹介したが、ここにビワマスの遺伝的知見を外挿すると、日本のサクラマス群のルーツ（発祥の地）が現在の琵琶湖周辺にあったことが仮定できる。

そこで、この視点に立ち、あらためてサクラマス群の分布域を見返してみると、最も古いタイプのビワマスが琵琶湖付近に分布し、その周囲（神奈川～九州南東部）をサツキマスの分布域が、さらにその外側（北海道～東北～九州の日本海側）をサクラマスの分布域がとり囲んでいるようにも見えてくる。つまり、サクラマスとサツキマスは互いに分布域を2分してきたというよりも、琵琶湖を中心に、同心円方向に2層の分布域を拡げていったと見ることもできるのである。

さて、もし私の考察が事実に近ければ、先ほど述べた、サクラマスとサツキマスの分化（進化）の過程（どちらが先に日本に棲みついたか）についても、もう少し議論を深めることができると思われる。すわなち、日本のサクラマス群ではビワマスの次にサツキマスが分化して琵琶湖をとり囲むように分布域を拡げ、さらにそこからサクラマスが分化してサツキマスの外縁に分布域を築いたと考えると、サツキマス（アマゴ）のほうがサクラマス（ヤマメ）よりも前から日本列島に棲みついていた、より古いグループと言えるかもしれない。

こうして見ると、ビワマスは釣りの対象としては未だマイナーな存在であるが、我が国最古のサクラマス群として、我々の関心事であるサクラマスやサツキマスの来し方行く末を解明する手がかりをもたらす、重要な存在（鍵）だと考えられる。

ただ、ご多分に漏れず現在の琵琶湖では過去数十万年間とは比べものにならないペースでビワマスを囲む環境が変動しており、今は琵琶湖という限定的なエリアにしか分布していないビワマスは、何らかの要因で絶滅に向かうリスクもはらんでいる。その一方で、我々の英知を結集することができれば、このサクラマス群の古豪を琵琶湖のシンボルとして末永く保全することも充分に可能と考えられるが……。いろいろな意味で、この鱒が注目すべき魚であることは、今後とも変わらないと言えるだろう。

第3回

サラマオマスの旅

多くのアングラーがトラウトとの邂逅を期して旅に出るように、著者もサクラマスの謎に迫る旅を続けてきた。その結果、広がった興味の1つが台湾の高地へと向いた。前回に続き、今回は4グループいるサクラマス群（サクラマス、サツキマス、ビワマス、台湾マス（サラマオマス）のうちのサラマオマスについて紹介したい。

台湾大甲渓のサラマオマス

気仙で見た「ヒカリ」の帯

サクラマス（ヤマメ）を追い求める著者流の旅は東京の秋川から始まったが、当時は釣り人が多く、秋川本流にはほとんど良型ヤマメがいないように思えた。ただ、救いだったのは時折ウグイの群れに混ざって小ぶりのヤマメがパンサーマーチンを追いかけてくれることであり、結局はこの川でヤマメの姿を追いかけるうち、ライトタックルの釣りをかなり学ぶことができた。その後、足は山へと向かうようになり、そこで最初に見つけたのがナガレタゴガエルで有名な盆堀川だった。しかし、この川の規模は必ずしも大きくなく、解禁直後に見つけた居着きヤマメが次に訪れた時には見えなくなっているのは、複雑な気持ちだった。

その後、延長としてフィールドは奥多摩湖、桂川、そして仕事の関係で日光大谷川、那珂川、さらには仙台広瀬川へと東北に向かって広がった。それから今日まで、東北地方のサクラマスに触れる、至福の年月を過ごしてきた。その中で、ぜひ伝えたいのが十数年前に気仙川で目にした光景である。日本のサクラマスを語るうえで、本書にも記録として残したい。

2004年3月に初めて下流の橋の上に立った時、川幅の3割はあろうかという帯状の魚群が、蛇行を描きながらゆっくりと川を降っているのが見えた。秋川の記憶があったので、東北にはこんなにもウグイがいるのかと驚いたが、実はそれらはすべて、降海途中のサクラマスのスモルト（ヒカリ）であった。蛇行の両岸から土地の老人たちが極太のノベザオや盛岡式毛バリで次々とヒカリを釣りあげていく。そんな光景がつい先日までそこにあったかと思うと、今でも胸が締め付けられる。いつか、この光景を私たちの手で取り戻せる日を夢見たい。

その後、広瀬川に注目してフィールドワークを続けているうちに、関東から仙台付近のサクラマスの一部は、性質的にサツキマスとオーバーラップする点が多いと感じるようになった。たとえば近年、この川の成魚は、体長が40～50㎝とサツキマスに重なる。音波発信器を用いて回遊をモニターしたところ、彼らの一部はサツキマスのように秋～冬に海に降り、湾（仙台湾）内で半年ほど回遊したのちに川に遡上することも見えてきた。著者はこれらを、サクラマスの秋降海型（秋スモルト）と呼んでいる。南北に長い日本列島ではサクラマスとサツキマスの違いがあるように、サクラマスの中にもさまざまなバリアントがいることを直接肌で感じ、大いに刺激を受けた。

こうしてサクラマスへの探求が深まることと並行して、興味は朱点を持つサクラマス群であるサツキマスやビワマスにも広がった。仙台から見ると、サツキマスは温暖な南西側に分布域を構え、独自のライフサイクルをきざんでいるように映った。広島県太田川では連日35℃を超える猛暑の上流域で、アユとカワムツの群れに混ざって泳ぐサツキマスを見た。そして、そこからさらに南に目線をやると、もうひとつのサクラマス群であるサラマオマスがいる、台湾がある。

大甲渓のサラマオマスと高度な保全

台北（桃園空港）からレンタカーで2時間南下し、東海岸の宜蘭から内陸に向かうと、ひたすら続く登り道が一気に高度を２０００m稼ぐ。分水嶺を越えて川沿いを30分ほど降ると、サラマオマスが生息する大甲渓に到着した。著者自身、くわしく調べる前はこのマスが日本にいる3タイプとはかけ離れていると思い、たいして関心を持っていなかった。しかし、サラマオマスはじつはサクラマスの視点から見ると国内のサツキマスやビワマスよりも近縁なグループであり、次述するようにその実態は、台湾に暮らしているサクラマス、と言ってもいい。

サラマオマスは、現在は大甲渓の一部のみに生息しているが、そこに至るまでにはどのような経緯があったのだろうか。サクラマスとはどのような関係にあるのだろうか。前回述べたように、サクラマス群の中では進化的にビワマスが最初に分化し、現在の琵琶湖~大分県付近にあったとされる古瀬戸内湖に住み着いたと言われる。以降の足取りはまだはっきりしないが、現在の分布域から類推すると次にサツキマスが分化し、琵琶湖を取り囲むように分布域を形成したと考えられる。さらにその後サクラマスが分化し、両者の分布域を包み込むように最も外側に分布域を築いたと著者は考えている。

一方その頃、地球では数回にわたって寒冷期と温暖な時期が繰り返されていた。おそらくは当時、九州南部にまで分布域を拡げていたサクラマスの一群が寒冷期の隙を突いて台湾周辺まで回遊範囲を拡大し、台湾の川と海の間でも回遊を行なうようになったと推察される。その後、温暖期に入って海水温が上昇したために海への回遊を止め、高地の冷涼な水域を求めて大甲渓にまで川を遡っていったのが、サラマオマスだと考えている。

サラマオマスが、こうして日本から旅立ったサクラマスの一派の末裔だと考えると、不思議な気分になった。ずいぶん近くなったとはいえ、飛行機と車で2日かかる台湾の高地に彼らが忽然と姿を見せることに、理屈は分かっていても感動を覚える。

大甲渓には川のほとりに観魚台が設置されている

サラマオマス保全活動の一環として撤去された砂防ダム

大甲渓の渓相は日本の川と変わらない

大甲渓を訪れたその日の夕方、共同研究者の廖林彦博士に誘われて川岸に立つと、見渡す渓の眺めは日本とさほど変わらなかった。しかし、対岸の樹上には見慣れない猿の群れが現われ、夜になると初めて聞く鹿の悲しげな鳴き声が山あいに響いた。

翌日、水中カメラを沈めると、サラマオマスの周囲を泳ぐ魚はウグイでもイワナでもなく、ほとんどが苦花（クーハ）と呼ばれる台湾の在来種であり、やはりここが彼らにとっても異邦の地であることを強く感じた。海外にサケ類の調査に行くと、時折、無性に日本の渓とそこを泳ぐサクラマスやヤマメが渇望されることがある。しかし日本から離れ、こうして台湾の川を泳ぐサラマオマスを目の前にすると、彼らの逞しさや健気さに畏敬の念が抱かれ、これまでとは別次元の愛おしさを感じた。

台湾に移り住んだサラマオマスが現在置かれている状況は、どのようなものだろうか。これについては、じつはほとんど心配の必要はない。彼らは、台湾では最上級の保全対象となっているからである。保護区域内では釣りなどの採集が禁じられている他、原則、河原に立つことも規制され、観魚台と呼ばれるデッキからの観察だけが認められている。

ただし、現在の本格的な保全が確立される前、彼らの生息環境は一時的に悪化していたこともあったという。そのため、現地では上記の措置に留まらず、天然魚の生息環境を分断していた高さ20mクラスの砂防ダムをすべて撤去し、農薬の発生源となり得る流域の農場を買い取り、さらには天然親魚から採卵した種苗の放流に取り組んできた。現在とり得る最大限の手法が投入されてきたわけだ。

これらが奏功し、サラマオマスは大甲渓にしか生息していない反面、現在の生息環境は著者が日本国内で見ているサクラマスの銘川をも凌駕する、高いレベルが保たれていることが分かった。翻って、本家たる日本のサクラマスの保全の取り組み状況はどうであろうか。もしかすると、現時点では台湾（大甲渓）のほうがサラマオマスに対して謙虚に向き合っており、一歩先んじていると言えるかも知れない。

じつは、上記した保全プロトコルや、天然魚の採卵技術の多くは、日本のサケ類で培われ、この地に伝わったものでもある。つまり何が言いたいかというと、大甲渓に結実した一連の取り組みを今度は日本に還元することで、あるいは著者が気仙川で目にした光景を多くの川に蘇らせることも夢ではないかもしれない。

かつて日本から旅立ったサクラマスの末裔が今、日本のサクラマスへの橋渡しの役割を担おうとしている、ついそんなふうに捉えてしまう。そして、ますます、この魚たちから目を離すことができない。

第4回

イワナとヤマメの距離感

ある意味で、イワナはヤマメに比べて捉えにくい魚だと感じている。もしかすると我々の日頃の釣果にも影響しているかもしれないこの違いには、両者の進化的な立ち位置が関係しているのでないだろうか。今回は渓流アングラーにとっての２大ビッグネームであるイワナとヤマメの距離感について考えを巡らせてみたい。

イワナは河川の中でも上流域に棲む魚。しかし彼らは本当に冷水を好むが故にその流域を選んでいるのだろうか？ イワナの分布には考察を加える余地がある

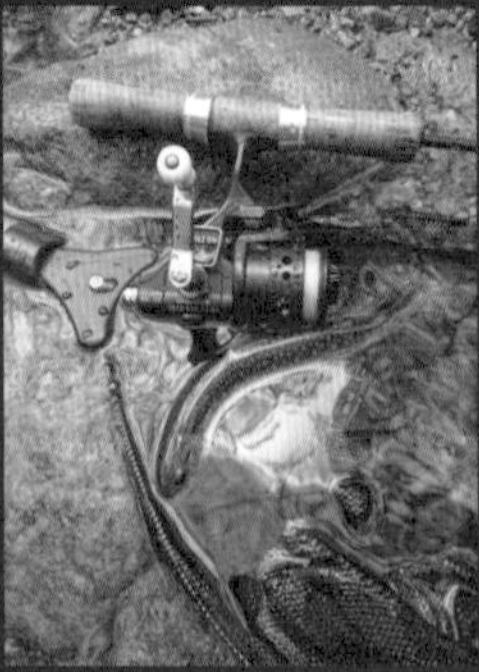

広瀬川の上流域でも、ヤマメとは全く異なる進化をたどってきたイワナが独自の生態を刻んでいる

イワナとヤマメの進化的な立ち位置

今年も多くの水系が解禁日を迎えている。私もこの季節になるとイワナとヤマメのどちらかからねらうか逡巡するが、最近ではシーズンをとおしてヤマメを追うことのほうが多い。なぜかと問われれば、仙台周辺の近接する川であればヤマメをねらうほうがコンスタントに釣果が出せると感じているからとか、ヤマメがおもな研究対象なのでなるべく姿を見たいから、などと答えているが、要はイワナのほうが色々と読めない部分があり、限られた釣行回数では捉えにくい（ねらった時の当たり外れの振れ幅が大きい）と感じていることが大きい。

私がイワナの振れ幅が大きいと感じる根底には、もちろん原体験、つまりは少年の頃の釣行圏にイワナがあまりいなかったという「経験不足」も関係していると思っている。ただ、それだけが理由ならば、むしろ多くのイワナに接していれば正反対の印象を持ったはずであるが、実際は必ずしもそうならなかっただろうとも思っている。

釣りにおけるイワナとは、どんな魚なのだろうか。ヤマメ（アマゴ）とはどのように異なるのだろうか。私がまず思い浮かべるのは、同じ川であれば基本的にイワナが上流域に、ヤマメがその下流の本流域にいるという分布域の違いである。つまり、なんらかの理由によって見かけ上はイワナが川の上流に陣取っていることが気になっている。ではなぜ、そうなっているのか。これまで、学術的にもさまざまな説明が試みられてきた。たとえばその1つが、イワナがヤマメよりもやや冷水域を好むという「すみ分け説」である。また面白いところではイワナとヤマメが好むエサ（この場合はカゲロウ類）が異なっていて、それぞれの種の分布域にすり合わせた結果、両者の上下関係ができているとも言われた「食い分け説」もある。

一方、よりスケールが大きい、進化的な背景に基づく説も考えられる。次述するように、サケ科魚類ではイワナが属するイワナ属のほうが、ヤマメが属する太平洋サケ属よりも進化的に古い。このことからおそらくは、イワナのほうがより早くから現在の日本列島周辺に棲んでいたと見なせる。この前提に立てば、先に日本の川にいたイワナ属が後からやって来たヤマメ（太平洋サケ属）に追い上げられ、上流域では逆にイワナが水温の低さなどをバックにつけてヤマメに対峙（拮抗）しているという構図も考えらえる。事実、イワナがいない川の一部ではほぼ最上流部までヤマメが独占していることも、この考えを支持する。

参考までに、サケ科全体の進化の過程についても確認しておきたい。サケ科は現在、イトウ、イワナ、大西洋サケ、および太平洋サケの４つの属に分けられており、進化的には後ろの属ほど最近になって分化したと考えられている。よって、サケ科内ではイトウ属が最古参となる。現生種の分布域から類推すると、イトウ属はヨーロッパから極東（北海道）にかけてのユーラシア大陸付近で発展したと見なせる。そして、次にその一部からイワナ属が分化し、やや北上して北極海の周りに分布域を広げたと思われる。そのためイワナ属はサケ科内で最も北寄りに分布の重心を持ち、かつ今日に至るまで大西洋・太平洋の両方に分布している（イワナが冷水域を好むという説も、このことから頷ける）。イワナ属の次に分化した大西洋サケ属は、その名のとおり大西洋で発展し、ブラウントラウトやアトランティックサーモンを生み出した。その後、この属の一部がベーリング海峡をとおって太平洋内に進入し、生息数、種数、回遊の航続距離、とどれをとってもサケ科魚類最大の規模を誇る、太平洋サケ属が開花した。

以上の史実からも明らかなように、じつは我々が日々通う川で上流、下流に分かれて暮らし、時に拮抗し、アングラーからは2大ビッグネームと並び称されるイワナとヤマメは、純粋に生物としてみた場合、進化的な立ち位置が大きくずれている点でも異なっている。おそらく、より早くから日本に棲んでいたイワナ属の視点に立てば、ヤマメが川に進入（侵入）してきたのは最近の出来事であり、彼らからすればヤマメたちはジェネレーションギャップが大きな新参者として（苦々しく）映っているのかもしれない。

イワナの謎めいた性質にまつわるエピソードについては、読者の方々も枚挙にいとまがないであろう。たとえば、雨の日に川沿いの杣《そま》道を山椒魚のごとく歩いていたとか、自分の長さほどのヘビを貪食したとか、滝太郎のような狡猾な巨大魚が今もどこかに潜んでいる、等々である。私の体験も1つ付け加えておきたい。栃木県の行川の上流でのことであるが、よじ登った堰堤のタタキの上で、45㎝を超える彫りの深い老イワナと目が合ったことがある（この魚はサオを振る前に悠然と立ち去り、以後その姿を見なかった）。こうしたイワナたちのエピソード（性質）は、日本の山岳地帯に備わっている深山幽谷のイメージとも大きく重なり、彼らの渓流の主としての威厳や神秘性（プレゼンス）の醸成にも一役買ってきた。

一方で、ヤマメやアマゴに関しては、あまり突飛なエピソードを聞くことはないと言えよう。彼らはどちらかといえば似たような開豁な川筋に多く暮らし、大概は同じようなエサを食べ、滝太郎のように巨大化する話も民話以外では聞かれない。それ故、ヤマメ（アマゴ）はどちらかといえば人の手で整備（規則化）されてきた里のイメージと重なり、このエリアを象徴する、ややマイルドな魚として捉えられることが多い。
では、イワナやヤマメ（アマゴ）のそうした性質は、はたして日本の深山幽谷（上流域）や里（中~下流域）の環境で長年暮らしたことで培われ、彼らの体に刻みこまれてきたものだろうか。たしかに、一部その側面もあると思うが、客観（科学）的にみて、実際は上述した彼らの出自、すなわち進化的な立ち位置が大きく関係しているのではないかと私はみている。

それぞれの進化の方向性

イワナやヤマメの進化的な立ち位置と彼らの性質との相関関係を考えるため、あらためて前述したサケ科の4属の関係性を俯瞰してみると、ある特徴的な傾向（進化の方向性）が浮かび上がってくる。それは、一言で言えばサケ科魚類が柔軟から規則化へと向かって進化してきた、という道筋である。

たとえば、イワナ属と太平洋サケ属（ヤマメ）の寿命や産卵期を較べると、イワナ属の多くは5~6年、ないしはそれ以上の長い寿命を持ち、多くの個体は2~3歳から寿命を迎えるまでの数年間にわたって成長も続けながら産卵を繰り返す。つまり、イワナ属は寿命が長く産卵期、産卵回数の振れ幅も大きいといった柔軟性を備えている。

一方、ヤマメの寿命はおおむね3年以内に収まっており、産卵を行なう回数は3歳の1回だけか、最大でも一部のオス（1~3歳）の3回程度に絞りこまれている。つまり、ヤマメでは寿命や産卵期がより狭い期間に収斂（規則化）されており、これはつまり、ヤマメなどの太平

開けた本流域で釣れたヤマメ。イワナに比べて里に生きる魚という印象が強い

川によっては山岳渓流の源頭までヤマメが釣れることもある

開けた本流。アングラーにとってお馴染みのヤマメフィールドだ

深山幽谷の源流に生きるイワナ。彼らの振れ幅の大きさは生命力の強さと言い換えられるかもしれない

洋サケ属がこうしたライフイベントを安定した環境の下で短期間のうちに実行する必要があることを意味する。

同様の傾向は、川から海への降海回遊にも当てはまる。イワナ属では北海道などで一部の個体がアメマスとなって降海するが、彼らが海に降り始めるのは一般には2~3歳頃であり、すべてのアメマスが降海するまでには数年の振れ幅がある。またアメマスの一部は海から川に戻ってきても、産卵の後は再び海に降りるというサイクルを数年間にわたって繰り返すことが多い。一方、ヤマメの降海型は生後1歳半の春に一斉に海に降り、1年後に川に戻って産卵を行なった後はほとんどの魚が死んでしまう。

このように、じつはイワナとヤマメでは進化的な立ち位置が大きく異なるだけでなく、古いタイプであるイワナ属には産卵期や降海期、それらの発現回数に一定の振れ幅（柔軟性）が備わっている。一方で、太平洋サケ属（ヤマメ）ではそうした性質の遊びの部分が少なく、1つ1つのライフイベントが短い期間に収斂（規則化）して起こる方向に進化してきたことがうかがえる。

こうした進化がなぜ起こり、太平洋サケ属にいかなるメリットをもたらしているかについてはまた別の機会に論じたいが、少なくともイワナ属では産卵や降海などのライフイベントを柔軟なタイミングで発現することが可能なため、環境の変動が大きな流域においても比較的高いレジリエンス（しなやかさ）やサバイバビリティを発することができるものと考えられる。つまり、日本の川でイワナがヤマメよりも上流域に分布している背景には、単にイワナがヤマメよりも冷水環境を好むといった理由だけではなく、イワナのほうが冷水環境も含めて上流域のもろもろの厳しい環境（渇水、急勾配、高水温、エサ不足）にも柔軟に適応できるからではないだろうか。こうしたイワナの性質の柔軟性（振れ幅の大きさ）が、山椒魚化や貪食、巨大化、狡猾といった神秘的なエピソードの源泉になっているようにも思える。

冒頭で述べたように、私はイワナをねらった時の当たり外れの振れ幅がヤマメよりも大きいと感じているが、もしかするとそれは、上流域のもろもろの環境が下流（本流）域よりも激しく振れるし、そこに生息しているイワナ属がそれらに柔軟に追従してしまうからかもしれない。ひとたび条件が悪くなるとこの川にはイワナがいなかったのでないか、と思えるほどに沈黙を決め込む反面、環境条件と折り合いがついた時には1つのルアーに2尾、3尾と同時に襲い掛かってくる。そんな二面性も、イワナの性質の振れ幅の所以だと思っている。

第5回
本流ヤマメのバイオテレメトリー

川を遡上する本流ヤマメをねらっていると、同じ魚が１つのポイントにどの程度の期間留まり、どのようなタイミングで次の場所へと遡上していくのかといったことが気になってくる。最新の小型発信機を装着した本流ヤマメは、我々アングラーにどのようなヒントをもたらしてくれるだろうか。

６月頃の広瀬川本流で釣れたヤマメ。これからさらに遡上するのか、それとも、その場に居着くのか。釣り人なら誰もが感じる疑問に科学的手法で答えを求めた

いつ遡上する？　広瀬川の本流ヤマメ

本流を遡上する、いわゆる本流ヤマメをねらう時に気がかりとなるのが、彼らがその年にいつ、どのようなタイミングで遡上行動を開始し、遡上中にどのような場所（環境）に長く定位するか、といったあたりではないだろうか。

たとえば広瀬川では例年5月以降に中流域で待ち構えていると徐々に本流ヤマメが遡上してきて、6月頃によく釣れるようになる。もちろんタイミングが早すぎればまだこれらの魚はここまで遡上してきておらず、タイミングが遅すぎればすでに上流に移動してしまっていて、どちらの場合も釣りあげるのが難しくなる（注：広瀬川を含む多くの川には各エリアに定住性の高い居着きヤマメも一定数、分布している）。つまり、シーズン初期の広瀬川の本流ヤマメに関しては、ある意味では遡上とともにピンスポットで移っていくポイントを押さえての釣りが要求される。

では、本流ヤマメの遡上タイミングやその時々の定位場所を的確に押さえるためには、どのような方法をとり得るだろうか。1つは、最もベーシックな方法であるが、おおよその時期と場所にねらいを定めて足しげくポイントにかようことである。待ち伏せ型とでもいうべきか。たとえば10年ほど前、仙台市近郊のダムのバックウオーターに例年5月頃にまとまった数の湖産サクラマスが遡上することを教わり、時間が許す限り夕方ごとに流れ込みエリアに馳せ参じた。そしてある日の黄昏時、ついに一期一会のプライムタイムに遭遇することができた。

その一方、研鑽を積んだアングラーの多くはむやみに川に足を運ぶことはせず、その年の水位や水温といったテレメーター情報や過去の釣果統計データ、さらには自身の経験で培った直感も交えて理論的にこうした現象を「読む」という。対して私の場合はこのようなスキルを持っていないため、やはりフットワークで釣行回数を稼ぐか、あとは科学的手法のアシストに頼る方向しか思いつかない。

古典的バイオテレメトリー

数年前、広瀬川の本流ヤマメやサクラマスの遡上パターンや旬ごとの定位ポイント、最終的に彼らが産卵を行なう環境を知りたくて、バイオテレメトリー研究に数年間取り組んだ。もちろん、動機の半分はこれらのデータから本流ヤマメに普遍的に当てはまる遡上パターンを導き出し、保全や資源管理に反映させることであった。だが、残り半分はこうしたデータに基づいて特に情報が少ない彼らの中流域における生態をつまびらかにし、自身の釣行時期やポイントの選定に反映できるかどうか、確かめてみたいというところもあった。

魚類などの動物の行動を追跡し、個体レベルで居場所や移動パターンを明らかにする手法を〝バイオテレメトリー〟と呼ぶ。簡単に言えば、水中を泳ぐヤマメなどの魚体に標識や発信機といった何らかの〝タグ〟を装着して放流し、その後、再捕獲や遠隔受信によって彼らの位置（移動先）などを特定する手法を指す。

最もシンプルで古典的なバイオテレメトリーでは、実験魚のヒレの一部を切除したり、色や数字が異なるリボンタグを装着するなどした後に川に放ち、一定時間が経過した後に再捕獲することでその時点での定位場所や移動距離といった情報を割り出すことができる。また、標識の種類によってその魚がどの川の孵化場から放流されたかといった由来も判別できる。

かつて、オレゴン州のAlsea川で釣ったキングサーモンは、地元でもめったに見られない大ものだったらしく、隣にいて巨大なネットですくってくれたSteelhead Hunter氏（アドレスしか交換せず、後日メールを出しても届かなかったため本名は不明）からは大いなる称賛の言葉をいただいた。またこの魚がアブラビレ切除標識（fin clip）されていない「無標識魚」だったことから希少性の高い天然魚という可能性が浮上し、同氏からはさらなるお墨付きもいただいたくことができた。

オレゴン州Alsea川で釣りあげたキングサーモンのメス。アブラビレがあったことから、天然魚だと考えられた

一方で、こうした古典的なバイオテレメトリーには大きなハードルが1つある。それは、放流したトラウトやサーモンの移動先を

知るためには彼らを何らかの方法で再捕獲し、魚体の標識を直接人の目で確認しなければならない、ということである。つまり、もしこの手法で広瀬川の本流ヤマメを追跡しようとした場合には、標識を装着する際と確認する際の（最低）2回、同じ魚を採捕しなければならないことになる。

だが、釣りで採捕を行なうことを想定した場合、同じ魚を別々の場所で2回釣りあげることが極めて困難なことは、言うまでもない。つまり、自身の釣りの未熟さをカバーする目的でバイオテレメトリー研究を行なうためには同じ魚を2回釣りあげるだけの桁外れの釣りのセンスが求められるというパラドックスに陥ってしまうことになる。

ヤマメの動きを電波発信機で追う

近年、こうした古典的バイオテレメトリーの欠点を克服する新たな技術として、音波発信機や電波発信機と呼ばれる、遠隔受信が可能なバイオテレメトリーデバイスが続々と開発されている。これらの手法では魚体に装着した発信機が音波や電波の信号を発信するため、最初の採捕で魚体に発信機を装着（放流）しさえすれば、以降はこれらの魚を再捕獲しなくても彼らの位置情報等を遠隔的に入手することができる。

ではまず、電波発信機を使ったバイオテレメトリーのほうから簡単に調査結果を紹介していきたい。なお、電波・音波発信機はそれぞれが固有の信号を発信するので、複数の魚を同時に放流しても1尾ごとの移動をトラッキンできる。

発信機をつけたヤマメのほとんどがメジャーポイントでひと夏過ごしたが、データ上では１尾も釣られなかった。多くの釣り人たちが「魚がいない」「魚が少ない」と判断する大場所にも、やはりヤマメが潜んでいるようだ

広瀬川のサクラマスをねらうのにちょうどいいリアライズ 14ｇ

気持ちよく頭上の開けた広瀬川本流。岩盤帯が続く区間では、フラットに見える瀬も近づくとドン深になっていることがある

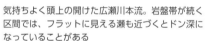

数年前の7月初旬、早朝にS氏と広瀬川の中流域で待ち合わせ、橋の下流の1つの瀬からほぼ1時間で5尾の本流ヤマメを確保することに成功した。ただちに電波発信機を装着して元の場所に放流したところ、数日の開きはあったものの、やがてすべての魚が上流方向へと遡上を開始したことが確認された。

このことからも当初、これらの本流ヤマメは下流から上流へと同調的に遡上する、1つの群れに属する魚たちだと私は考えていた。ところがその後、これらの魚はまったくと言ってよいほど別々の挙動を示し始める。たとえばある実験魚は、放流地点から姿を消した後、数週間後にはそこから約20㎞上流の、この川最大の産卵水域の下手まで一気に遡上した。その後、この魚はこのエリアで最大の淵に入り、そのまま秋まで定位を続けた。一方、別の魚は放流地点からは比較的近い、どちらかと言えばアユのエリアで遡上を一旦停止し、以降、盛夏まで淵尻の吐き出しに定位し続けた。さらに別の魚は、これら2尾のほぼ中間地点に当たる、多くの本流ヤマメが定位するコアエリア内の淵で越夏した。

以上のデータから考えられるのは、もしこれらの本流ヤマメが1つの群れに属していたと仮定した場合、彼らは7月初旬までは同調的に遡上行動を行なうものの、そこ（採捕地点）から上流では遡上パターンや定位場所が大きく乖離していく可能性が考えられた。つまり、本流ヤマメは夏以降、あるいは上流への遡上と相まって、基本的には群れ行動から単独行動に移行する傾向があると考えられる。

また別の可能性としては、本流ヤマメはある程度の大きな群れで遡上を行なうように見えるものの、じつはこのポイントで採捕された5尾の本流ヤマメは出所も行き先も異なる別々の小

こちらは広瀬川ではないがササニゴリの本流で釣れたヤマメ。増水のピーク時よりも水の引き際に本流ヤマメは上流へと動いている

広瀬名取川水系でフィールドワークに勤しむ著者

規模の群れの魚だった可能性も考えられる。また、さらなる可能性としては、そもそも本流ヤマメは下流から上流への遡上を行なう時点で明確な群れは形成しなくなっている、という可能性も考えられた。

こうして、電波発信機によるバイオテレメトリーは本流ヤマメの定位場所や遡上パターンの一端を明らかにすることがわかった。次に、音波テレメトリーの結果についても簡単に紹介したい。

同じく数年前の6〜8月、広瀬川の中〜下流域で音波発信機を装着するための実験用の本流ヤマメ（とサクラマス）を釣りで採集することを試みていた。この時もなるべく同じタイミングで実験魚を放流することを目指しており、天候や水位の如何にかかわらず、可能な日は川岸を歩き回っていた。結果、空振りすることも多かったが、条件を選ばずに川に立ち続けたことで興味深い経験も得ることができた。

その1つが、普段ならまずサオを振らないようなカフェオレ色の濁りや、8月のドピーカンの真昼間でもルアーにチェイスしてくる本流ヤマメが少なからずいる、ということだった。また、採捕の際には可能性のある範囲を効率よくサーチしたかったため、普段ならポイントを4分割してじっくり釣るような大淵でも初っ端からスプーン14gを遠投し、この時期に警戒心が高くなっていると思われる夏サクラを数十メートル先の流れ込みでヒットさせたこともあった。

こうして、音波テレメトリー調査では比較的広い範囲で10尾以上の本流ヤマメを採捕することができたため、電波テレメトリーの時とは異なる新たな知見も得られた。なかでも興味深かったのは、本流ヤマメが好んで上流に向けて遡上するタイミングがおぼろげながら見えてきたことである。

従来、本流ヤマメは降雨などで川が増水したタイミングに乗じて上流に遡上することが、経験的に知られていた。一方、エサ釣りの世界では増水の引き際のササニゴリの時に、それまで釣れていなかったポイントで大型ヤマメの食いが立つことがしばしば報告されてきた。今回、音波発信機を装着した本流ヤマメの行動から見えてきたのは、実験魚の一部が増水のピーク時ではなく、じつはどちらかといえば増水の引き際のササニゴリのころに遡上行動を多く発現する、ということである。実際、これはいくつかの点で合点がいく。たとえば増水のピークを外すことで遡上時に魚体にかかる水流の負荷を軽減でき、かつ遡上に必要な視界もある程度確保され、それでいてなお増水とササニゴリがあることで、外敵からの攻撃も回避できるといったメリットが想定される。

一方、上記のエサ釣りアングラーの経験則を踏まえると、ササニゴリで大型ヤマメの食いが立つ背景についても、新たな解釈が思い浮かぶ。従来の解釈は、もともとそのポイントに潜んでいながらもプレッシャーのために口を使っていなかった大型ヤマメが、増水の濁りで警戒心を緩めて摂餌活動を活発化させる、というものである。その一方で、今回の音波テレメトリーのデータからは、増水の引き際のササニゴリのタイミングで下流から活性の高い本流ヤマメが新たに遡上してきて、そのポイントに通い続けるアングラーによってキャッチされる、という可能性も考えられる。

以上のように、電波や音波発信機による最新のバイオテレメトリー手法は、謎のベールに包まれていた本流ヤマメの遡上パターンや遡上途中の定位場所を一定程度は明らかにするツールになることが示された。ただ私は、これらの技術は我々の釣りに直ちに進展をもたらすものではないとも思っている。

第一に、発信機を装着した本流ヤマメが遡上途中に立ち寄った定位場所は、すでに当地のアングラーが好ポイントとして目星をつけてきた場所とほぼ重なっている。つまり、バイオテレメトリーによって今以上に新しいポイントが開拓される可能性は、さほど高くないと言える。

第二に、今回のバイオテレメトリーの結果から、本流ヤマメの多くは中流以降ではどちらかと言えば単独（または小規模な群れ）で遡上や定位を行なう可能性が示された。つまりこれは、川の中をまとまった大きな群れが遡上することや、特定のポイントに本流ヤマメが群れで溜まる可能性はかなり低いことを示唆する。

また第三のポイントとして今回、電波発信機を装着した本流ヤマメの多くがメジャーポイントにひと夏定位したにもかかわらず、これらの魚がアングラーによって釣りあげられることはなかった（と思われる）ことが挙げられる。つまり、たとえバイオテレメトリーによって目の前に本流ヤマメやサクラマスがいることが判っていても、その魚が釣れるかどうかはやはりアングラーの腕しだい、ということになるのだ。

コラム

時を駆けるタスマニアンデビル

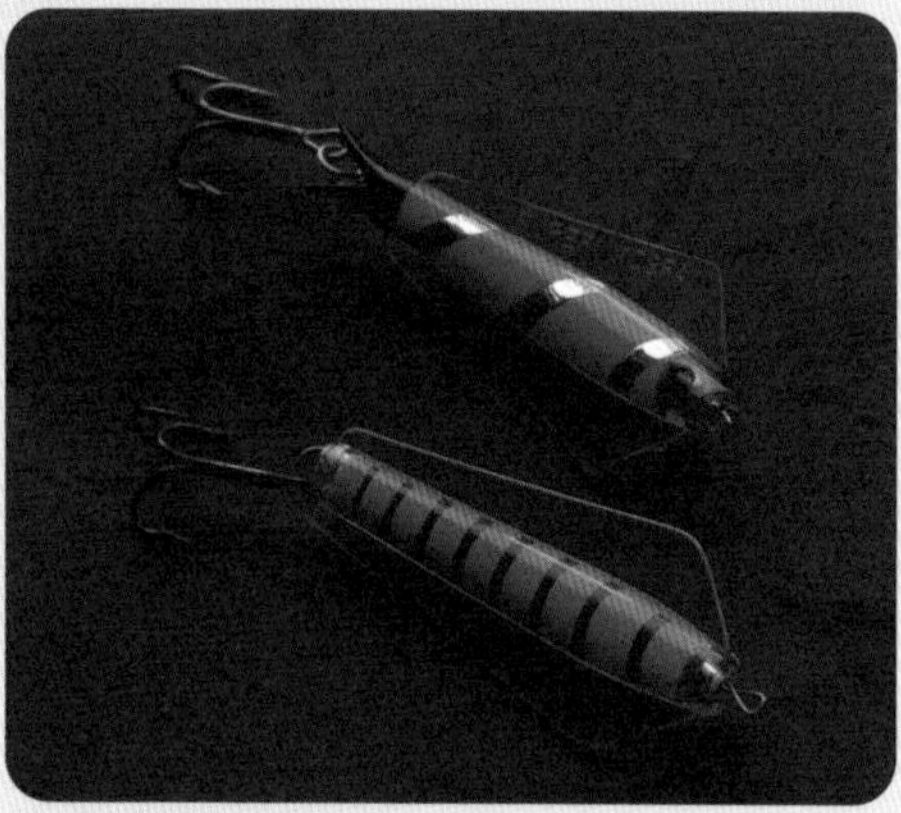

南半球の隠れた傑作、タスマニアンデビル（写真下）。デッドスローでじわじわ沈み、表層を漂わせる釣りにぴったりのルアーだ。上はタスマニアンデビルと瓜二つのジョンソンスーパールアーが販売するスーパーコブラ。顔やテイルのつくりが微妙に異なる

現地ロッジオーナー一推しルアー

初めて海外でトラウトをねらったのは、20年以上前のニュージーランドの北島だった。事前に情報は得ていたが、基本的にこの国ではフライフィッシングのみが許可されている水域が多い。ロトルア湖ではルアーがOKだったので、湖畔のロッジでカヌーを貸してもらい、日没前にニジマスを釣るべく沖へと向かった。ところが、ポイントに出るまでにトロウリングもしてみようという欲が災いし、途中に点在していた高密度な藻場の1つにスプーンが引っかかって、本来は奥多摩湖でデビューさせるはずだったモンスターブラウン83がこの国の魚を1尾も掛けることなく湖底へと引きずり込まれていった。

翌日、ロッジのオーナーのブライアン氏が気の毒がって、本当のトロウリングに連れて行ってくれることになった。そこで私は、手持ちの日本製ルアー（スプーン、ミノー）をすべて差し出したのだが、氏はそれらには興味を示さず、タスマニアンデビルの一点推しだった。途中、日本が美術・工芸品の域

にまで昇華させた同じサイズのスプーンやミノーも試してもらったが、やはりご当地ルアーに軍配が上がった。その理由はわからずじまいだった。

なお、日本ルアー界の名誉のために付け加えておくと、ロッジに帰ってから彼にミノーを差し上げたところ、大変美しいと喜んで箱にしまっておられた。

それから10数年後の広瀬川の中流域、今回の連載でも触れたが、その頃私は音波発信機を装着する本流ヤマメをそろえるべく、連日のように広瀬川の河川敷を歩きまわっていた。月ののべ釣行日数は、(朝、昼、夕の3回釣りをしていたので)ピーク時には数十回に達したと思われる。この時、個人的に最も多用していたのがリアライズとトリコロールだった。トリコロールは手首が関節炎で動かなくてもダウンでタダ巻きするだけで数尾の本流ヤマメを誘ってくれ、重宝していた。そしてこの時、おもしろいことに気が付いた。すでに何個かのルアーをロストしていたので、ケースには常にトリコロールを2個入れていたのだが、どうも、ある条件下では同じような色あいでも、使い込んだトリコのほうがよく釣れるような気がしたのである。

記憶がつながり氷解した疑問

先日、久々に机の下から古いタックルボックスを引っぱり出した。開けてみると、中学生の頃に集めていたポッパーやシャッドに混ざって、おみやげでもらってきたタスマニアンデビルが出てきた。久々に手に取ってみると、ニュージーランドの思い出が鮮烈によみがえってきたが、なぜこのルアーがロトルアのニジマスたちをあれほど惹きつけたのかは、やはりピンとこない。そのシルエットは平べったくエイのようであるが、金属のスプーンと比べると全体的に厚ぼったいシェイプをしており、スプーンや昨今のミノーのようなキレのある泳ぎを披露するようには見えない。しいて特徴をあげるなら、エイのヒレの部分のプラスティックが塗装されずに透明な素材のまま、といったところであろうか。

だがあらためてこのルアーを蛍光灯にかざしてみて、ふと脳裏に閃くものがあった。なぜ古いトリコロールが本流ヤマメをひきつけたのかが、この瞬間に氷解したように思えた。

リップが折れ、今は瓶の中でその他の殿堂入りルアーと眠りについていたトリコロールを取り出すと、ボディーの中央とテイルにはフックで削られてできた円形の傷が痛々しく刻まれていた。背中のほうには岩にぶつかってできた塗装の剥がれが無数に見られる。車で言えば、マニアしか食指を動かさない廃車カスタムといったところか。トリコロールの真骨頂の1つに、切れのよいフラッシングがあるのだが、これでは本流ヤマメに対するアピール力がかなり低下していたことも想像される。だがじつは、このルアーを蛍光灯にかざしてみると、タスマニアンデビルとのある共通項が見えてきたのである。それは、光の透過性である。

光沢色で塗装された新品のミノーを蛍光灯の下で動かすと、なるほど、きらめくようなフラッシングが起こる。だが、こうしたルアーも、蛍光灯の逆光の中に入ると基本的には単なる黒いシルエットのプラスティック片にしか見えなくなる。おそらく、これらのルアーを曇天や夕暮れ時に動かしてもやはり鮮烈なフラッシングはなりを潜め、どちらかといえば暗色系の塊に見えるのではないか。つまり、こうした光沢系のルアーは基本的には光度が高い順光の下で威力を発揮するように設計されていると考えらえる。

一方、使い古したトリコロールを逆光の蛍光灯にかざしてみると、やはり一見すると黒い塊のように見えるのだが、あらためてよく見てみるとあらゆる小傷や塗装が薄くなった箇所が背後の光を透過し、絶妙に艶めかしいスケルトンの小魚に仕立て上げられていたのである。

これはどういうことかというと、まず鍵となるのはトリコロールのボディーが透明なプラスティックで成形されており、その上に何色かの光沢色が塗布されているということである。本来、このメタリックカラーが操作によってフラッシングを起こし、ヤマメたちを惹きつけることが想定されているはずである。だが上述のとおり、こうした塗装は逆光や曇天の下では輝きが弱まり、魚たちからは地味なプラスティック片と見なされてしまう瞬間がある可能性が考えられる。

一方で、使い込まれたトリコロールではこうした状況下でもいく筋もの透過光によって本ものの小魚のような〝スケルトンアピール〟とでもいうべき効果が継続し、フラッシングに代わって本流ヤマメを誘惑し続けたのかもしれない。つまり、この（カスタム）トリコロールには偶然にもフラッシングとスケルトンアピールの2段構えの機能が備わったのかもしれないのである。そして、意図的に最初からスケルトンアピールを機能として搭載しているのが、タスマニアンデビルではないだろうか。そう考えると、武骨なイトマキエイが繊細なスケルトンミノーにも見えてきた。

そういえばあの日、ロトルア湖は小雨まじりの曇天で、ブライアン氏がしつこくねらっていたのは、藻場の隙間の薄暗い深場だったような……。私の杞憂でなければ、ブライアン氏（とタスマニアンデビル）はただものではない。この、時を超えたタスマニアンデビルの薫陶を受け、スケルトンカスタムが想像どおりか、近いうちに試してみるつもりである。

第6回

夏ヤマメのホルモンバランス

ヤマメなどの鱒たちがルアーに反応してくることには大きく分けて２つの衝動が関係していると考えられる。では、鱒たちはどのようなタイミングやメカニズムでこれらの衝動を変化させるのだろうか。今回は、ルアーへの反応をつかさどる内的な機構について掘り下げてみたい。

晩夏に釣れたヤマメ。成長期と成熟期の狭間にいる個体だろうか

弱った小魚を演出したミノーに食いついたイワナ。よほどお腹をすかせていたらしい

追いかけ回さずに容易く捕食できるエサのほうが、ヤマメたちの食欲を刺激するはず。川に落下した陸生昆虫は格好のターゲットだ

渓魚の食欲・攻撃衝動と釣りとの関係

一般に、トラウトが種々のルアーに反応（アタック）してくるのは、彼らがルアーをエサと見なして食欲を満たそうとするためか、または何らかの理由でルアーを疎ましく感じて排除（攻撃）しようとするため（あるいはその両方）だと考えている。その時期にねらっているトラウトの食欲と攻撃のどちらの衝動が大きいかが想定できれば、ルアーの選択や、泳がせ方と言った戦術にも反映できるかもしれない。

ではまずヤマメを例にとり、ライフサイクルに照らして彼らの食欲や攻撃の衝動がどのような時に高まるのかについて、ざっと眺めてみたい。

一般に、ヤマメなどのトラウトは卵から孵化し、春に産卵床から浮上してしばらくすると活発な摂餌活動を開始する。この季節、川岸の浅瀬では一心不乱に極小のエサをついばむ稚魚の姿を見かけることも多い。ここから先、一部のオスはその年の秋までの数ヵ月間、また多くのオスやメスは翌年（以降）の秋までの十数ヵ月間にわたって摂餌を繰り返しながら間断なく体を大きくしてゆく。つまりこの期間は、彼らの成長期にあたる。

一方、こうして成長期をとおして成魚となることができた一部のヤマメでは徐々にそれまで体成長に投資していたエネルギーに余剰が生じるため、以降は大半のエネルギーを（秋の）産卵の準備である性成熟に振り向けるようになる。そのため、ヤマメの体成長のスピードは徐々に遅くなってゆくが、代わってオスでは精巣、メスでは卵巣といった生殖腺の発達が始まる。また秋の産卵期に向けて雌雄ともに体色の地色が暗色化しはじめ、体側には鮮やかな婚姻模様が浮かび上がってくる。さらに、オスでは鼻曲がりなどの外形的な変化も起こる。これらの一連の現象を鑑みると、彼らは基本的には夏以降には準備期間も含めて産卵モード（成熟期）に移行すると考えられる。こうして秋頃までに成熟を完了したヤマメでは、メスが川底の一定区画を占有して産卵床を掘り起こし、オスはメス（と産卵床）の周囲に縄張りを構えてこの空間に侵入するあらゆる動物を排除するようになる。

このように、多くのヤマメでは春から夏までが基本的に成長期にあたり、夏の途中からは成長期とオーバーラップさせながら一部の個体が成熟期に移行してゆくと考えられる。そして上記の一連の現象からもうかがえるように、成長期のヤマメでは体成長を促進するために食欲が旺盛となっており、対する成熟期のヤマメでは万難を排して産卵活動を完遂するために攻撃の衝動がより大きくなっていると考えられる。

以上の考察を踏まえると、ヤマメなどでは春から夏まではおもに食欲に訴える釣りを行ない、夏以降はおもに攻撃性に訴える釣りを意識するのがある意味での定石だと考えられる。しかし、前述したようにヤマメでは必ずしもすべての魚が夏以降に成熟期に移行するわけではない。繰り返すが、その年に成熟するのは成魚になった一部の魚だけであり、その時点で成長期の途上にある魚は基本的には夏以降もそのまま摂餌行動を続ける。つまり、単純に季節に応じて食欲や攻撃の衝動が変化すると括るのは、必ずしも正確ではないことになる。また、このようにヤマメの衝動の変化を季節の変化だけと紐付けてしまうと、後述する夏ヤマメの生理状態を理解することも難しくなってしまう。

では、トラウトの食欲や攻撃の衝動は、季節の他に、どのような要因と紐付けることができるだろうか。そのひとつが、今回のもう1つのトピックである体内物質の一種、”ホルモン“である。

成長ホルモンと性ホルモン

よく知られているように、我々ヒトも含めた動物はさまざまなホルモンを体内に有しており、これらの物質が成長や成熟を調節する内的な（生理的）機構においても重要な役割を演じている。たとえば前述した成長期のヤマメがエサから得たエネルギーを体のつくり（構造）に転換できるのは、成長ホルモンによって体成長のための生理的な機構が駆動するためである。また成長ホルモンは体成長の原資となるエネルギー（エサ）をヤマメに取り込ませるため、彼らの摂餌行動を促進することもわかっている。つまり、ヤマメなどのトラウトが食欲に基づいてルアーに食いついてくるのは、生理的には成長ホルモンの所産とも言える。

対して、成長を成し遂げて成魚となったヤマメたちでは前述したように、以降のエネルギーの多くが成熟に振り向けられるようになる。この時、それまでの成長ホルモンに代わって生殖腺の発達や婚姻色、鼻曲がりを演出するのが〝性ホルモン〟と総称されるホルモン群である。なかでも、代表的な性ホルモンとして知られているテストステロンには体の各部を成熟させる作用の他、雌雄の産卵行動や縄張りを防衛する際に必須となる、攻撃の衝動を高める作用があることもわかっている。つまり、成熟期のヤマメが攻撃の衝動でルアーにアタックしてくるのは、テストステロンの影響とも言える。

このように、ヤマメなどのトラウトがルアーに対して食欲、あるいは攻撃の一環としてアタックしてくることは、内面的には成長ホルモンやテストステロンなどのホルモンによってある程度裏打ちされていると考えることができる。このことを踏まえると、基本的には季節によらず、生理的に成長期の過程にあるヤマメに対しては食欲に訴えた釣りを、また夏以降に成熟期に移行した一部のヤマメに対しては攻撃や威嚇に訴える釣りをする、というのが1つの捉え方になりそうである。

では、たとえば成長期のヤマメの食欲に訴える釣りとは、具体的にはどのようなものだろうか。ここからは、私のつたない経験に基づく推察も含むが、たとえばヤマメなどのトラウトが摂餌対象として好む（彼らの食欲に訴える）生物は、弱った状態の小魚や、河畔林などから不意に落下して流されてくる陸生動物といった、基本的にイージーに捕食できる状態のものだと思われる。もしもむやみに健康な小魚を追い回すと、かえってエネルギーのロスになるからである。この点から、食欲に訴える釣りをする場合にはたとえばヤマメがその時に捕食しているエサに似たルアーを落下させた直後などが、大きなバイトチャンスになると思われる。あるいは、よりオープンなエリアであれば、アップ、ダウンキャストの如何によらず、あたかも弱った小魚や昆虫が力なく流されるように、ルアーをフィーディングレーンに沿って通すことなどが、基本的に有効と考えられる。その一方で、食欲が旺盛なトラウトはかなり広い範囲にまで目配せをしている可能性もあり、前記の動きが再現できていればある程度は垂直、水平方向に離れた広い範囲からでもヤマメたちを呼び寄せることができると思っている。

一方、成熟期に移行し、攻撃の衝動がより高くなっている魚は一見アグレッシブ、かつ大胆に遠方からでもルアーにアタックしてくるように思えるが、前記の生態を鑑みれば、基本的に彼らは自己の周囲（メスの産卵床の周囲など）の縄張り（パーソナルスペース）の防衛に注力していることが多く、縄張りの外に出てきてまでルアーを追いまわすことはしないと考えられる。したがってこのようなシチュエーションではいかにルアーを彼らの縄張りの内側に通せるかが肝要であり、かつ彼らの攻撃・威嚇を誘発するように、ルアーを縄張りの侵害者と映るように操作することが有効と考えられる。

夏ヤマメはどうねらう?

以上のように、食欲、あるいは攻撃の衝動が高まっているヤマメに対してはそれぞれの状況に応じた戦術を組み立てることでルアーに対する反応をより多く引き出すことが（理屈上は）期待できそうである。しかしながら、こうした戦術をすべて繰り出してもなお手強いターゲットも多い。その代表格が、いわゆる夏ヤマメではないだろうか。俗にヤマメの盆隠れ、あるいは土用隠れと称されるように、夏ヤマメを釣るのは極めて難しいこととされている。それは、なぜか。

たとえばこれまで、その理由とされてきたのが、夏の高水温や溶存酸素の低下といった、環境要因の影響である。しかし、水温や溶存酸素はその他の季節にも不定期に変動することがあるため、それだけが理由とは考えにくい。そこで、思い浮かぶのは、じつは夏ヤマメとは、この時期に生理的に成長期から成熟期に移行する過程にある魚たちのことではないだろうか。仮に夏ヤマメがそうした端境期の魚だとすると、これらの魚はまさにこの時期にさまざまな内的な変化をともないながら体の内外を作り替えている最中であり、前後の季節に比べて活動量が極端に少なくなっていることも充分に考えられる。また、そこまではないとしても、異なるステージへの過渡期にあるヤマメでは成長期の魚に比べて食欲が少なく、成熟期の魚ほど攻撃の衝動が高くなっていないために、釣りで引き出すのが難しいのかもしれない。

では、仮にこの推察が当てはまっているとして、夏ヤマメを攻略するよい手だて（戦術）はあるだろうか。それに対する解の1つは、夏の良型ヤマメは一里一尾のたとえにもあるように、広大なエリアの中にいるであろう、他よりも食欲や攻撃の衝動が少しでも高い魚を、フットワークで捜し出すことである。

だが当然ながら、こうした希有なヤマメ以外にも、川の中には確実に多くの夏ヤマメが潜んでいるはずである。そこでもう1つの解となるのが、成長期と成熟期の移行過程にある夏ヤマメが食欲、攻撃性ともに前後の季節よりも低いという前提に立って、戦術をファインチューンすることではないだろうか。具体的には、食欲が少なければ少ないほど、彼らはフィーディングエリアに沿ってピンポイントで流れてくるイージーなエサにしか反応しないはずである。この場合は、より確実なトレースラインの選定と、より食欲に訴える繊細なルアー操作が奏功する可能性がある。また、彼らの攻撃性に訴える釣りを選ぶのであれば、彼らのテリトリー（パーソナルエリア）に確実にルアーを送り込むことが肝要になると考えられる。

まだ目を通していないが、本号（『鱒の森』２０２０年9月号）の特集ではこうした夏ヤマメに切り込むための理論やＴＩＰＳが多数紹介されているはずである。私自身の想像が極端に的から外れていないことを祈りつつ、示唆に富んだレポートの数々を心して読み進めたい。

第7回

アングラーの目線と大型ヤマメの目線

同じく投げているように見えても、ルアーの機能（魚を引き出す力）はアングラーの目線によっても大きく変わる。釣りをする時にはトラウトの側の目線に立つ。旧知のアングラーと渓を歩く中でそんなことを再認識した。

ヤマメの目線を意識した釣りができれば大型と出会うチャンスは増えるはずだ

そして、繰り返されたスプラッシュの光景

今年（2020）の夏は、縁あって関東にいた頃から親交があるアングラーT氏と仙台周辺の本流を何ヵ所か巡った。中には10年ぶりに入った区間もあり、入渓はできても退渓点が思い出せず、夏の太陽の下、別の退渓点まで谷あいを延々と歩いた日もあった。

しかし、久しぶりに訪れたポイントに立ってみると当時と変わらぬ風景に心癒やされ、かつてと同じ立ち位置から変わらぬルアーを投げている自分があった。この場所で過去に8～9寸の美形ヤマメが出たことを思い返し、感慨に浸っていた。ところがその刹那、前方を進んでいたT氏のロッドが大きくしなり、私がかつてこの区間で一度も引き出すことがなかった尺超えのヤマメが水面でスプラッシュしている光景が目に飛び込んできた。

T氏には、十数年前に2回ほど、関東の本流を案内していただいた。そして個人的にはこの時、今につながるダウンの釣りのエッセンスをT氏から学んだ。たとえば、それまでの私が本流域でやっていたのはクロスに投げたミノーが下流に流されながらU字を切る、いわゆるU字ターンだったが、この時に見たのは当時の私の感覚で言えばほぼ下流に向かってミノーを投げる、超ダウンクロスの釣りだった。早朝の薄暗がりで分かりにくいところもあったが、恐らくミノーは終始上流方向に頭を向けたままスライディングをしつつ、川を下っていくように見えた。この手法はその後、摂餌の衝動が高いと思われるトラウトにミノーを弱々しいベイトとして見せたい時に使うようになった。

また、2回目の釣行でさらに印象に刻まれたことがある。それまでの私は、ミノーが下流方向にスライディングし切った後のプロセスを、単にルアーの回収フェーズと割り切っていた。しかし、T氏はこの逆引きの途中でも感覚を途切れさせず、ミノー操作に集中しているようだった。そこで私も以後、逆引きも釣りの過程ととらえることにした。

こうして新たな技法を教わったのと前後して、私は仙台での釣りを開始した。早速この超ダウンクロスの釣りも組み込み、実際に釣果にも恵まれ、大いに幸せだった。ただ、その後も逆引きの釣りには抵抗があった。トラウトが上流に向かって泳ぐミノーを追いかけて食いつくシーンが明確にイメージできず、それが実釣に響いたのだろう。実際に逆引きで釣ることができたのは玉川のテトラ帯の巨大ニゴイを含む、ほんの数回だけだった。だとすると、私には何か習得し切れていないパズルのピースがあったかもしれないが、やがてこれらのテクニックはよく言えば私の中でオリジナルに解釈され、定着していった。

この夏、T氏と仙台での釣行（再会）が実現したのは、ほぼ10年越しの私のお願いによる。内実を言えば、仙台近郊の川ではある程度結果が出せていたものの、基本的にはたいがい8～9寸止まりで、T氏が同じ区間を釣ったら別の展開になるかどうか見てみたい、という期待があった。私なりの攻略パターンを組み立ててきた仙台の川を初めて訪れるT氏が何らかのブレークスルーをもたらしてくれるかどうか、確かめてみたいところもあった。

T氏との1回目の釣行では、まずは県北部の本流に入った。最初に入ったポイントで、私は流心部にある沈み石に目星をつけたが、1回バイトを感じただけでそれっきりだった。しか

ヤマメたちはおもに釣り人が一般的に「ポイント」としてとらえる区間の流心部にいることが多いとされる。しかし、実際は個体差や状況に応じて動いていることは間違いなく、思わぬところに良型が潜んでいることもある

魚がたくさん溜まっていそうな淵。ポイント上部の白泡付近は流れが強いが、大型の個体なら定位している可能性も視野に入れて釣りを考えたい

広瀬川の上流域。仙台市の上流域にはまだ手つかずの流域が残っている（堺淳撮影）

遡上魚であるサクラマスは特に魚の目線でのアプローチが求められる相手。意外なところでヒットして驚かされることもあるが、魚たちにはそこに定位していた理由があると考えたい

深瀬と深瀬の接続部分にあたる浅瀬。この肩の部分に遡上してきたサクラマスがポツンと定位していることもあり得る

し、振り返るとT氏はちょうど堰堤の落ち込みで尺オーバーをネットに入れ終えたところだった。

2回目。この日は仙台近郊ダムのバックウオーターのとある堰堤の下に入った。ここは堤体の落差が大きいため、ダムから差してきた降湖型サクラマスが一度は止まると踏んで幾度も足を運び、それでも思うようには結果が出せずにいた場所だった。ところがT氏は、私がサオを振り始める前に落ち込みの白泡の中から再び尺超えを引きずり出した。

3回目は、冒頭で述べた仙台の本流の上流域に入った。その日は私も後追いではあったものの、ホームの利を活かして開始早々に8寸のヤマメをキャッチした。ところがその刹那、前方を進んでいたT氏のロッドが大きくしなり、私がかつてこの区間で一度も引き出すことがなかった尺超えのヤマメが水面でスプラッシュしている光景が目に飛び込んできた。

流れを「ユニット」でとらえる考え方

私とT氏の釣りに違いがあることは、結果が物語っていた。それが何か、わかる範囲で考察してみたい。

端的に言えば、私の目線がワンパターンで、固定化されているのが根深い問題だと思われた。原因はいくつか思いあたるが、要するに私はほとんどの場合、流れ込みに始まり吐き出しで終わるプール（淵）を、釣りの基本単位（ユニット）としてとらえており、たとえば本流を釣り下る場合にはどのような規模のプールであってもまず流れ込みに、次に流心部に、そして最後に吐き出し部にルアーを通し、あとはまた次のプールの流れ込みまで移動する、といった釣りを知らず知らずのうちに繰り返していた。

このようなとらえ方は、初期に通っていた鬼怒川のように、1つのプールが100mにも及ぶ場合には充分に機能していた。大規模河川では流れ込み、流心部、吐き出しがそれぞれ数十メートルにも達し、プールとプールの間の接続域は得てしてガンガン瀬であまり釣りにならないので、必然的に上記の3要素がメインのポイントとなる。鬼怒川ではこれらのセットからなる1つのプール（ユニット）を〝ラン（run）〟と呼ぶ人もおり、私も1つのランを繰り返し何度か釣り下ることも多かった（鬼怒川では常に上下のランにアングラーが入っていることが多かったからでもあるが）。

また、アイスランドでアトランティックサーモンをねらった時には（この時はフライ）、同じくこうしたユニットはビート（beat）と呼ばれ、それぞれのビートにはビート1、2といった呼び名が付され、各ビートが完全時間予約制となっていたのも印象に残った。いずれにせよ、私には釣りをラン、あるいはビートの区画（ユニット）の中だけで組み立てるというクセがあり、それはランの規模の大小にかかわらず固定観念として定着していたようだった。

では、T氏の釣りは、私とはどのあたりが違ったのか。それは、たとえば私が本流の上流域のようにプール（ラン）が密に連続する区間であっても基本的にランの中だけで釣りをしていたのに対して、氏はランの内部をいくつかに区切るだけでなく、さらにはあるランの後端（吐き出し）とその下のランの前端（流れ込み）をつなぎ合わせるといった柔軟なパーティション（ボーダーレスな目線）の中で釣りを組み立てていることだった。つまりこれは、ランとランの境界領域にいる、より多くの、さらには特定のヤマメたちの目線に立つことを意識した釣りだと考えられた。

ヤマメなどのトラウトにとっては、基本的にランの中でも流れ込みと吐き出しの中間にある流心部が居心地がよく、最も効率的にエサを捕れる場所であることがよく知られている。たとえばかつて、紀伊半島の渓流で行なわれた生態学的研究によると、ある小規模なプール（ラン）に生息するアマゴの中でも最も生態的ランクが高い大型の個体はほとんどの時間をランの流心部で過ごしていたことが報告されている。おそらくこの１９８０年代に発表された論文も私のクセに影響していて、私は１つのランで釣りをする際には特に流心部に多くの時間を費やしてきた。

しかし、もちろん生物であるアマゴやヤマメたちは常々こうした流心部だけにいるわけではない。確かに流心部にい続けさえすれば流れ込みにいるよりもエネルギーの消耗が少なくてすみ、吐き出しにいるよりも防衛効果が高いため、生態的ランクが高い大型魚にとって流心部は格好の居場所となり得る。ただ、それはあくまでもある程度の大型個体の話であり、じつはそれよりもさらに大型で遊泳能力もより高い、尺オーバーの超大型個体に関しては、やや話が違ってくるのかもしれない。

おそらく、そうした超大型のアマゴやヤマメたちにとっては、最も居心地のよいランの流心部だけでなく、流れ込みの喉もとにあたる白泡の周辺であっても遊泳能力的には充分に定位場所となり、そうすることで防衛効果もより高まることが考えられる。また、こうした超大型の個体はランの中にとどまらず、時にはラン間の接続域である瀬にも一定の頻度でエサを捕りに出てくる可能性も考えられる。

さらに、これらの個体は夏以降、性成熟の開始とともに産卵場を求めて河川内を移動（遡上）するようになるため、ラン間を移動した超大型個体が1つ上のランの吐き出しにぽっかり定位していることもまれにある。つまり、その流域の最大クラスのヤマメやサクラマスをねらうとしたら、流心部だけでなく、ランの両端部やラン間の接続域をも含む、あらゆるスポットを目線に組み込むことが、確率は低くとも極めて重要な戦略になると考えられる。またこれは、ランに限らず、堰堤などを釣る際にも当てはまると考えられる。つまり、T氏は常にこうした、私からすればイレギュラーとも映るポイントを目線に入れながら、ボーダーレスな釣りを展開されていたと推察される。

接続域で見たムーンウオーク

さて、T氏とはその後、同じ年にさらに2回ほど、仙台の川をご一緒させていただいた。この記事も、今期最後の氏との釣行から帰ってきた夕方に、自宅で書いている。あらためて振り返ると、氏は冒頭の仙台の本流を釣り下る際、ランの流れ込み、流心、吐き出しを釣った後、今度はランの吐き出しから接続域に、あるいは接続域から1つ下のランの流れ込みに向かってボーダーレスにミノーをキャストしていた。十数年前に私が垣間見た超ダウンクロスの釣りの別の形が、そこに展開されていた。

そしてその直後、私の目からはさらにウロコが剥がれ落ちた。1つ下のランの流れ込みをスライディングし終えたミノーは、今度は流れ込みの喉もとの白泡の反転流から姿を現し、ランナーの接続域の段々の落ち込みを1つ1つ登りはじめたのだ。だが、その時のミノーの動きは、私がずっと苦手と感じ続けてきた逆引きの直線的なそれではなく、1つ1つのスポットの中で遡上と再びの降下（ターン）、ステイ、シェイクを繰り返す、躍動的なものだった。

その光景は、超大型ヤマメの目線からはあたかもルアー（小魚）が上流からムーンウオークをしながら川を下ってきたように映るに違いなかった。十数年の時を越え、ようやく逆引きの真髄を認識することができた。

ただし、今期最後の仙台の釣行は、2人そろってオデコで終わった。暑かった今年の夏も、まもなくしばしのクールダウンの時を迎えようとしている。

第8回

切り欠き魚道

たとえばホームリバーを釣り上がっている時、この堰堤に魚道があればもっとイワナやヤマメが遡上でき、釣れる魚も増えてくれるのでは、と考えたことはないだろうか。ならば、ホームリバーの環境は自分たちの手で守り、育んでいく。そんな未来について、思いを巡らせてみたい。

山間の渓谷にそびえ立つ大きな堰堤。こうした「壁」が連続して流れを分断し、その閉ざされた 100 mほどの流域だけを生活圏に暮らす魚は多い

理想と現実の狭間でサオを振る

できるなら、釣りをする時には水がきれいで流れをさえぎる堰堤も少なく、イワナやヤマメ、アマゴが群れ泳ぐ渓に立ちたいものである。しかし、日本の多くの川は水質の劣化や渇水、堰堤によるエリアの分断、砂礫の流失といったインパクトに苛まれ、渓魚も減少傾向にあるのが実情であり、その原因も複雑である。私もこれまで、行く先々の川でこうした現実を目の当たりにしてきた。

すでに何度か触れたように、私は釣りの黎明期を東京の多摩川水系で過ごした（最初は8ftのバンブーロッドに袖バリ3号、マルキユー大ごい・水少なめという出で立ちだったが）。当時、自転車で放課後に週4～5回のペースで通っていたホームリバーの淵は今でも鮮烈に思い起こされるくらい水が透明で、これが東京の川だと言ってもにわかには信じてもらえないレベルだった。右岸のお立ち台の岩からは稚アユやウグイ、フナの群れが層をなして浮遊しているのが見え、その隙間から最深部で砂を頬張るドジョウの姿が見通せたほどである。そしてある日、その淵に突如として尺オーバーのコバルトブルーのニジマスが姿を現わした。おそらくは数キロ上流にある釣り堀から落ちてきて野生化した魚だと思われたが、私にとってはこれが自然河川における鱒族との邂逅だった。無論、上述したタックルでは勝負にすらならなかったが、淵から姿を消すまでの数日間、寝ても覚めてもこの鱒のことを考えた時間は間違いなく今日の私の原体験になっている。しかしこの出来事のあと、淵は徐々に生活排水で汚れはじめ、数年後には透明度の低いコイのたまり場に変わってしまった。

この淵を失ったこととも重なったが、その頃から私は多摩川の最大支流である秋川に進出していった。本格的にロッドとリールをそろえたのも、この頃である。そして同じ頃、新聞の地方版に秋川の中流域で40㎝超えのイワナが捕られたとの記事が載り、私も柳の下の2尾目をねらって釣友と駆けつけることになった。

友人は、このイワナが上流の秋川渓谷から降河してきたとの見立てを唱えたが、私は中流域の右岸に流れ込む小支流にも目をつけていた。そこで、家から近いこの支流から先に釣ることになったのだが、いざ切り立った小支流の遡行を始めると3分もたたないうちに堰堤に突き当たり、そこから上流にはハヤすらいないことが分かって落胆したのを、やはり今でもはっきりと覚えている。この体験もあり、以降はさらに上流の、確実にヤマメやイワナがいそうな秋川渓谷へと釣行圏が広がっていった。ただその後も、なるべくならば自宅から近いエリアをホームにし、そこで魚を釣りたいという思いが残った。

遠くの銘川、近くのホームリバー

仙台の川は、車さえあれば選択肢の幅が広く、イワナからヤマメ、源流から本流までを組み合わせて多様な釣りを展開することが可能である。しかし私は、今でもなるべくなら自宅から最も近い場所をホームとし、そこでヤマメ（イワナ）たちと出会いたいという気持ちでいる。理由はいくつかあるが、たとえば1尾の鱒との出会いを求めて通い込むならやはりホームエリアが近いに越したことはないからである。もちろん、県北やその先の秋田県の銘川と呼ばれる川に遠征する時のあの高揚感や、現地の原生の魚にもこの上なく惹かれるが、かたや普段通いのコアなホームエリアが家の近所にあって困ることもない。

また、同じく理由として、これまでの私にとって自宅から近い川はすべて都市河川だったということも大きい。たとえば現在のホームリバーである広瀬川の市街域にヤマメがいるということは、まぎれもなくそのエリアが現在、彼らを育むだけの水質や水量、摂餌条件を持っていることを意味する。日々の生活圏の都市河川にこのような環境があるということは、自身の住環境が優れていることの傍証でもあり、ほかに代えがたい大きな財産だとは言えないだろうか。

ただし、もしかすると都市河川はヤマメを支えるギリギリの生態系しか備えていないかもしれず、かつて経験したようにいずれは何かのきっかけでバランスを崩し、気づかないうちにまたヤマメたちが姿を消してしまう可能性もある。つまり、こうした場所は鱒族と我々の双方にとって、ギリギリの状態で環境がせめぎ合う境界領域だとも言える。

ただその一方で、このような境界領域を自身のホームと定め、可能な限りその環境を見守り、あるいはこの場所が危機を迎えた時には今度こそ何らかのアクションを起こすという気概でいれば、まがりなりにもその場所をホームと称する権利が認められ、そこに暮らすヤマメたちとより対等な関係で対峙することが許されるとも思っている。ゆえに私は、ジンクリアな銘川の源流域に立ち込む時と同様、ビル群のスカイラインやライトアップされた電波塔を眺めながら広瀬川に立つことにも少なからぬ充足感を感じている。

差し迫る危機と考えるべき対処法

最近、仙台の川ではどちらかと言えば悪い予感のほうがよく当たるようになってきた。私が現在のホームと規定している広瀬川の市街域では顕著な水質の悪化は起こってはいないが、ヤマメやアユ、ウグイの生息数が徐々に減っているように感じられる。

その背後には、1つ1つは小さいものの複数の負の要因が絡んでいると考えられる。たとえばこの川だけに限らないが、近年では全国的に降水や積雪のムラが大きく、ある週には大雨や雪代で増水したかと思えば次の週には渇水になるといったように、水位の変動が大きい。そのためか、広瀬川の市街域では6月頃から水温が高止まりすることも多くなってきた。また、ここ数年の台風続きで鱒のエサとなる水生昆虫や小魚をストックするはずの砂礫底がはぎとられ、多くの地点で河床の岩盤がむき出しになっている。今まさにこの流域は、危機的状況に立たされているといっても過言ではない。

こうした状況は、注視すれば市街域にとどまらず、潜在的に本流から源流までの幅広いエリアで起こっているとも思われる。市街域では特にその傾向が顕著に現われている、というのが実際のところであろう。

では、仮にホームリバーの環境が悪化し、イワナやヤマメたちが危機的な状況に見舞われていることに気がついた場合、我々（アングラー）はどのような対処法を考えればよいだろうか。ここからが本題であるが、次頁囲みにまとめたように、3つ挙げるとしたらそのうちの1つは、川の最低水位を可能な限り高くキープすることである。なぜならば、川の水位が安定すれば常

都市に生きる宮城県広瀬川本流のヤマメ。彼らを取り巻く環境はこの数年で確実に悪化している

イワナ・ヤマメの保全のために目指すべき川の条件
（棟方、海洋と生物 239号 2018を改変）

- 最低水量・水位の確保
- 砂礫の供給による河床の多孔性の保持
- イワナやヤマメが降河・遡上できる流域環境

に水面下に一定の砂礫を沈めておくことが可能となり、こうした多孔質の環境が鱒族のエサとなる水生昆虫や小魚の現存量を安定させるからである。ただし、その環境の実現のためには川底に常に砂礫が供給され続けることも、必要である。砂礫の供給による多孔性の確保は、2つめの対処法となる。

一方、最も重要となるのは、イワナやヤマメが川の中を自由に行き来（降河・遡上）できる流域環境を、常に確保することである。究極を言えば、こうすることでイワナやヤマメは好適な環境を求めて上流や支流に自由に移動することができ、こうなることで飢餓状態や高水温環境を脱することが見込め、あわよくば資源の増加や安定も期待できる。また、別の視点で言えば、水位や砂礫を人工的に維持することはかなり難しいが、移動経路の確保のほうは相対的には実現度が高いともいえる。

このように、川でイワナやヤマメたちの生息環境が悪化した際には、まずは彼らが川の中をある程度自由に行き来（降河・遡上）できる環境を確保することが重要となる。ところが実際には、多くの本・支流域に彼らの往来を妨げる堰堤などの河川横断工作物が設置されているのは、周知のとおりで

以前に比べて魚が潜む懐が少なくなった広瀬川本流。それでも魚は釣れるが昔ほどではない

車止から何時間もかけてアプローチする源流域にも砂防堰堤はそこかしこにある。年々、淵が浅くなっている川がほとんどだ

堰堤が連続する渓流の、一区間に生きていたイワナ。区間内の環境が悪化すると逃げ場がないため、壊滅的なダメージを受ける

ある。ことに広瀬川の市街域では本流に4基の取水堰堤があり、数少ない好適な支川にも河口付近に堰堤が設置されているところが多い。

こうして見ると、水位の維持や砂礫の供給もさることながら、都市河川では鱒族が行き来する流域環境を確保することも容易ではないように思える。私も、最近までそう思っていた。ところが近年、既存の堰堤に対して、イワナやヤマメのための魚道を我々アングラーがリードして設置することが現実的に可能になってきている。次の項で、その概要をお伝えしたい。

市民レベルでも「堰堤」を考えられる

ご存知のとおり、国内のほとんどの堰堤は国や地方行政が管理している。そのため、もし魚道機能を持たない堰堤に新たに魚道を設置しようとすれば何ステップもの交渉や手続きが必要となり、これまで我々アングラーはこの段階で二の足を踏んできた経緯がある。また何よりも、コンクリートでつくられた壁に魚道を設置するためには大規模な工事と多大な工事費用がかかるため、行政も自らこうした工事を推進することができず、アングラーと行政がともに膠着状態に陥っていたというのが実情であろう。

ところが、3年ほど前にある行政の方々との勉強会に参加したところ、行政はその性質上、自ら提案をすることが難しいが、市民（アングラー）からの要望があれば特定の堰堤への魚道の設置は前進させることができる、との情報をいただいた。その一方で、多くの工事費を優先的に魚道整備に回すことは財政的に困難であることも、付け加えられた。

ならば、試みとして、市民レベルでも費用が捻出でき、かつイワナやヤマメが遡上できるだけの充分な機能と強度を備えた魚道を開発することはできないだろうか。これが、今回のことの発端だった。

この流れを受け、著者と仙台市河川課、土木研究所自然共生研究センターが共同開発したのが、通称、〝切り欠き魚道〟である。詳細は85頁写真をご覧になっていただきたいが、従来、既存の堰堤に魚道を後付けする場合には基本的にはコンクリート製の梯子状の魚道（fish ladder）を新たに増結するのが基本であった。

一方、今回我々が開発した切り欠き魚道では一切の構造物の後付けはなく、基本的には既存の堤体に直接スリットや魚道を彫刻する（切り欠く）構造となっている。そのため、工事の大半は既存のコンクリートを削る工程が中心となり、工費が大幅に圧縮できるのはもちろんのこと、堤体や魚道の強度も引き続き確保される。

また写真にあるように、堰堤の上部にスリットを開削することで上流に堆積していた砂礫を本来の川のように下流側に流す（供給する）ことも可能となる。つまり、切り欠き魚道は従来よりも経費を圧縮しながら、川が抱える問題点のうちの2つを同時に解決する手段となり得る。

なお、今回の事例では、切り欠き魚道の工事費用には河川財団から支援いただいた助成金を用いているが、実際にプロトモデルを試行したところ、行政でも負担可能な金額で工事が実施できることが確認できた。また将来的にはクラウドファンディングなどでアングラー側が工事を行ない、完成した魚道を行政に寄付することも可能とのことであった。さらに、専門的な知識と技術、行政の同意があればこうした工事そのものをボランティアで実践することも、ゆくゆくは可能だと思われる。切り欠き魚道の初号機は、仙台市広瀬川の支流である竜の口渓谷の河口部の既存堰堤に設置した。この魚道自体は数万本あると言われる日本の河川に刻まれた小さな1つの爪跡にすぎないが、今後のイワナやヤマメたちにとっては大きな第一歩になってほしいと願っている。ここ数十年、日本の川を見ていると、依然としてイワナやヤマメの生息状況は予断を許さないが、川と関わる行政やアングラーのマインドはこの間に確実に向上しており、あまたの課題の解決に向かって前進する機運も確実に高まっていると感じられる。半分は自分に対する宣言でもあるが、数年後、日本の川の環境は確実に現在よりもよくなる方向に向かっているはずである。またこれは、アングラーの意識しだいではさらに加速してゆくことになろう。

なお竜の口沢の切り欠き魚道が気になるという方や、ご自分のホームリバーの堰堤への切り欠き魚道の設置を検討したいという方は、編集部をとおして連絡をいただきたい。可能な限り、アドバイスや助言をさせていただく。日本の各地に新たなホームリバーができることは、私にとっても望外の喜びである。

竜の口沢の堰堤では、上部にスリットを刻み、下流側には魚道を切り欠いている。また堰堤の下流にはフトンかごをしつらえ、下段の落差を少なくしている

こちらは切り欠き魚道が設置される前の竜の口沢の堰堤。（林田寿文撮影）

第9回

サクラマスと本流ヤマメ

一般に、サクラマス（*Oncorhynchus masou masou*）は海に降る「銀化魚」と、そのまま河川生活を送る「河川残留型（ヤマメ)」の2タイプに分かれるが、銀化魚からは海に降りる降海型の他、本流ヤマメなどのいくつかのバリエーションも出現する。こうしたバリアント（※1）がどのような背景で現われ、他のタイプとどのような関係にあるのかについて、今回は少し掘り下げてみたい。

※1バリアントとは、同じ種の集団内に現われる変異のことを指す。サクラマスの銀化魚からは典型的な降海型の他、本流ヤマメなどのバリアントが出現する。

陸封説と河川残留説

サクラマス（ヤマメ）の動きについての
それぞれの解釈

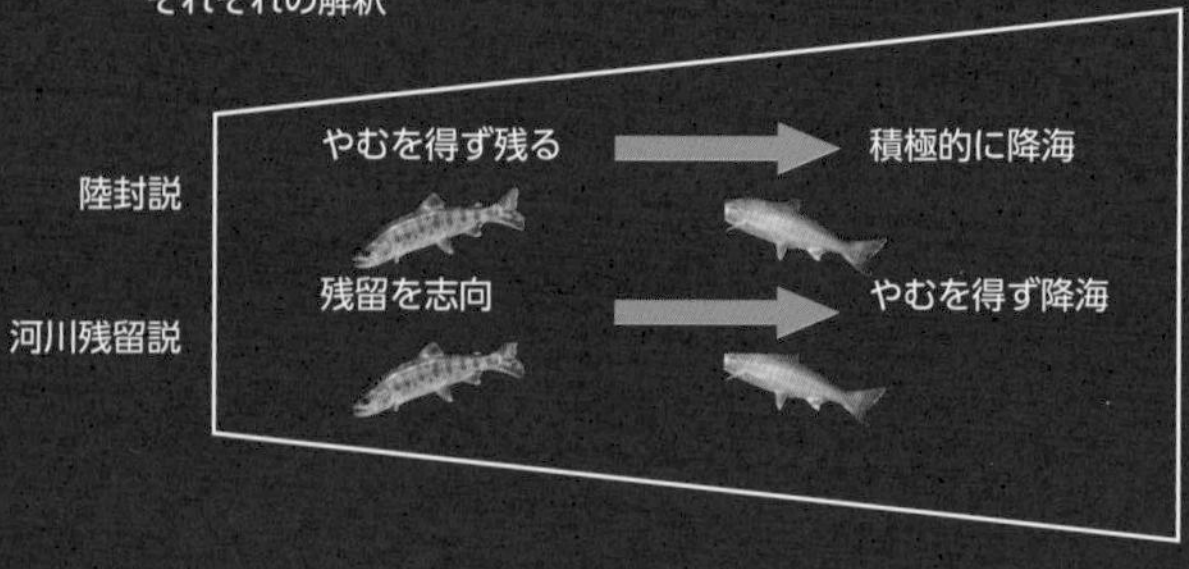

陸封説ではサクラマスは積極的に降海を志向し、止むを得ず河川に残ったものをヤマメ（陸封型）と解釈。一方、河川残留説ではサクラマスは残留を志向しており、何らかの切迫した理由がなければそのままヤマメ（河川残留型）になると考える

陸封型と河川残留型それぞれのニュアンス

まもなく解禁を迎える東日本の川ではこれから徐々にサクラマスの稚魚の一部が銀化変態を進行させ、全身に銀白色をまとった「銀化魚」となって海への降河（降海）回遊を開始する。見た目のキラメキから、この魚は三陸地方ではヒカリと称され、英語ではスモルト（smolt）、学術的には「降海回遊型」などとも呼ばれる。一部は約1年をかけてオホーツク海付近まで索餌回遊を行ない、その過程で体躯を50～70㎝まで急激に成長させる。その後、これらが母川に遡上して我々アングラーの至高のターゲットとなることは、言うまでもない。

一方、同じサクラマスでありながら、そのまま川にい続ける稚魚（ヤマメ）のほうは、学術的には「河川残留型」と称される。また、かつてこれらの魚は「陸封型」の名で呼ばれていた時代もあった。いずれにせよ彼らもまた、これからシーズンの終盤まで我々の好敵手となってくれるはずの珠玉たちである。

このように、サクラマスは大きく括ると、川から海への回遊を行なう「銀化魚タイプ」と終生の河川生活をおくる「河川残留タイプ」の2つのタイプに分かれるが、両タイプ内にはさらにいくつかのバリエーションも見られる。それが顕著なのが、今回おもに見ていく銀化魚タイプのほうで、たとえばその中からは降海型のサクラマスの他、海にまでは降りない本流ヤマメなどのバリアントが現われる。では、降海型のサクラマスやそのバリアントはどのような背景や機構で出現し、互いにどのような関係にあるのだろうか。

早速ここからは、銀化魚タイプ（以降は単に銀化魚と記す）とそのバリアントがどのようにして出現するかについて見ていきたいが、そのためにもまず、これらと対を成す「河川残留型」についてももう少し触れておく必要がある。

繰り返しとなるが、本種の河川残留型とは、すなわちヤマメのことである。彼らは川の上流域で生まれた後、多少の河川内移動は行なうものの、基本的には同じ水域で一生を過ごす。稚魚期に体側に現われるパーマークを終生にわたって持ち続け、オスは早ければ満1歳の秋に、メスも早ければ満2歳の秋に産卵活動に加わる。

先述したように、「河川残留型（ヤマメ）」はかつて、「陸封型」と呼ばれていた時代があった。無論、時代とともに呼び名は変わっても魚種の性質が変わるわけではないが、これらの2つの名称が持つニュアンスの違いは、そのまま相対する「銀化魚」の出現理由の解釈にも反映されてきた。

では、「陸封型」が意味するところとは、どのようなものだろうか。簡単に言うと、この呼ばれ方が主流だった当時、サクラマスは川で生まれて一定期間を過ごしたあと、積極的に海を目指して回遊する魚だと考えられていた。そのため、銀白色化は来たる海でのカムフラージュ体色（逆影：イワシやサンマと同様、背中側を黒く、腹側を銀白色に変化させる）の事前の準備だといわれていた。一方、何らかの理由でそれらを実行することができず、川にい続けざるを得なくなった魚が、陸封型（ランドロック）だとされた。つまり、簡単に言えばこの当時、サクラマスはシロサケと同じように海への回遊を志向するサケ類とみなされており、それができない一部の（イレギュラーな）稚魚が陸封型、すなわちヤマメになると解釈されていたこと

パーマークが消失しつつある本流域のヤマメ

こちらは渓流域のヤマメ。同じ「ヤマメ」でも見た目がずいぶんと異なる

になる。

一方、近年ではこうした「陸封論」とは真逆の解釈である「河川残留論」が主流となっている。この説の場合、サクラマスは基本的には自分が生まれた川で終生の河川生活を送る（ヤマメとなる）ことを志向しており、ナワバリ争いに敗れるなどの何らかの理由で川に〝残留〟することができなかった一部の稚魚が、やむを得ず海への降海回遊を行なうと解釈される。つまり、同じ川から海への降海回遊であっても、陸封説では「積極的に選んだもの」と捉えられるのに対し、河川残留説ではそれを「止むを得ず選んだもの」と捉えており、解釈が180度変わったことになる。

ただ、その一方で、いまでは廃れつつある陸封説を肯定する現象も一定程度はある、ともされてきた。

たとえば、サクラマスは海に降りることで体躯が50～70㎝と飛躍的に大型化し、特にメスでは抱卵数がヤマメの数倍に達することが分かっている。つまり、サクラマスにとって、積極的に海を目指して回遊することは繁殖戦略上、充分にメリット（リターン）をもたらすように見える。

ただし、これに対してはさらなる反証も行なわれている。じつは、ここで見落としがちなのは、川から海に降りる銀化魚のほとんどは回遊の途中で捕食者に食害され、減耗してしまうという事実である。一説によると、海域もさることながら、川を下っている段階でもかなりの数の銀化魚が減耗する可能性が指摘されている。つまり、我々の目に触れる、海で大型化して川に戻ってきた良型のサクラマスは、じつは極限の生存競争を生き抜いてきたほんの一握りの個体にすぎないのである（ゆえに降海回遊型のサクラマスはアングラーにとっても稀少な存在であり続けている）。よって、実際には海に降りるサクラマスよりも川に残るヤマメたちのほうが産卵期まで生存する確率は高く、安定的に繁殖の機会を得ているものと考えられる。こうした状況証拠を他にも積み上げていくと、やはり現時点ではサクラマスは本質的には川にい続けることを目指すのが最も適応的だと見なされる。

積極的に海を目指すことは繁殖戦略上、メリットがあるように見えるが、その反証も行なわれている

身を隠すのに適当な岩や木陰がない本流域などでは、ヤマメにとってカムフラージュする対象が流れそのものになる可能性が考えられる

あらためて、銀白色化がなぜ起こるのか？

では、最後に、冒頭で述べた銀化魚（サクラマス）や、そのバリアントである本流ヤマメが出現する理由について、考えてみたい。上述のように、現在では「河川残留説」、すなわち一部の稚魚がやむを得ず海に降りるとの説が主流となっているが、多くの論文や教科書ではその際に起こる体色の銀白色化は、（依然として）来たる海洋生活の準備として行なわれる、と記されている。

だが、先述したとおり、この考え方は稚魚が積極的に海に降りるとする〝陸封説〟にはマッチするが、やむを得ず海に降りるとする「河川残留説」とは齟齬《そご》を生じるように思える。なぜならば、稚魚（ヤマメ）が本質的に川にい続けることを志向するのであれば、上述したように数回のナワバリ争いに敗れた程度で直ちに降海の選択へと転じることは考えにくく、むしろ多くの稚魚はその後もどうにかして河川生活を続けようとして次善の策を模索するのがより自然と考えられるからである。

つまり、この点において稚魚の体色の銀白色は、未知なる海洋生活のための準備ではなく、現実的に引き続き川での生活を続けるための戦略（体色変化）として発現している可能性が浮上する。そのようにとらえると、ナワバリ争いに敗れるなどしてそれまでの生息空間を失った稚魚の新たな（代替の）生息空間の候補のひとつとなり得るのが、他の河川残留型の稚魚が基本的には利用しないような大淵や本流域の流心（水柱）の中ではないかと考えられる。

ただし、この場所で生息するためにはそれまでのナワバリであった岩や倒木に溶け込むためのカムフラージュ体色として機能していたパーマークがむしろ弊害となってしまうと考えられる。そこで、稚魚の一部は新たな背景である〝水柱〟の水色にあわせて自身の体色を銀白色化させるようになり、こうして河川残留型から最初に派生した魚が、本流ヤマメになったのではないかと考えられる。

一方、本流ヤマメとなってもなお川に残ることが難しい場合、稚魚はさらに新しい環境を求めて本流域を下流へと降っていき、その延長として海にまで降りる本流ヤマメが出現したのではないかと考えている。幸い、本流域に適応するための体色の銀白色化は海の中でもそのまま機能したため、こうして降海回遊を展開した本流ヤマメの中からさらに降海型のサクラマスが誕生したものと考えられる。つまり、銀化魚内のバリアントである降海型のサクラマスと本流ヤマメの関係性は極めて密接であり、両者の間には川に残るのが本流ヤマメ、そこから派生して海にまで降るようになったのが降海型のサクラマス、という関係性がある可能性を私は考えている。

第10回

サクラマスは遡河後に摂餌を行なうか

サクラマスをねらっていて気になることの１つが、川に遡上したサクラマスは果たして純粋な目的で摂餌を行なうか否か、ではないだろうか。私見も交えつつ、今回はこのテーマを掘り下げてみたい。

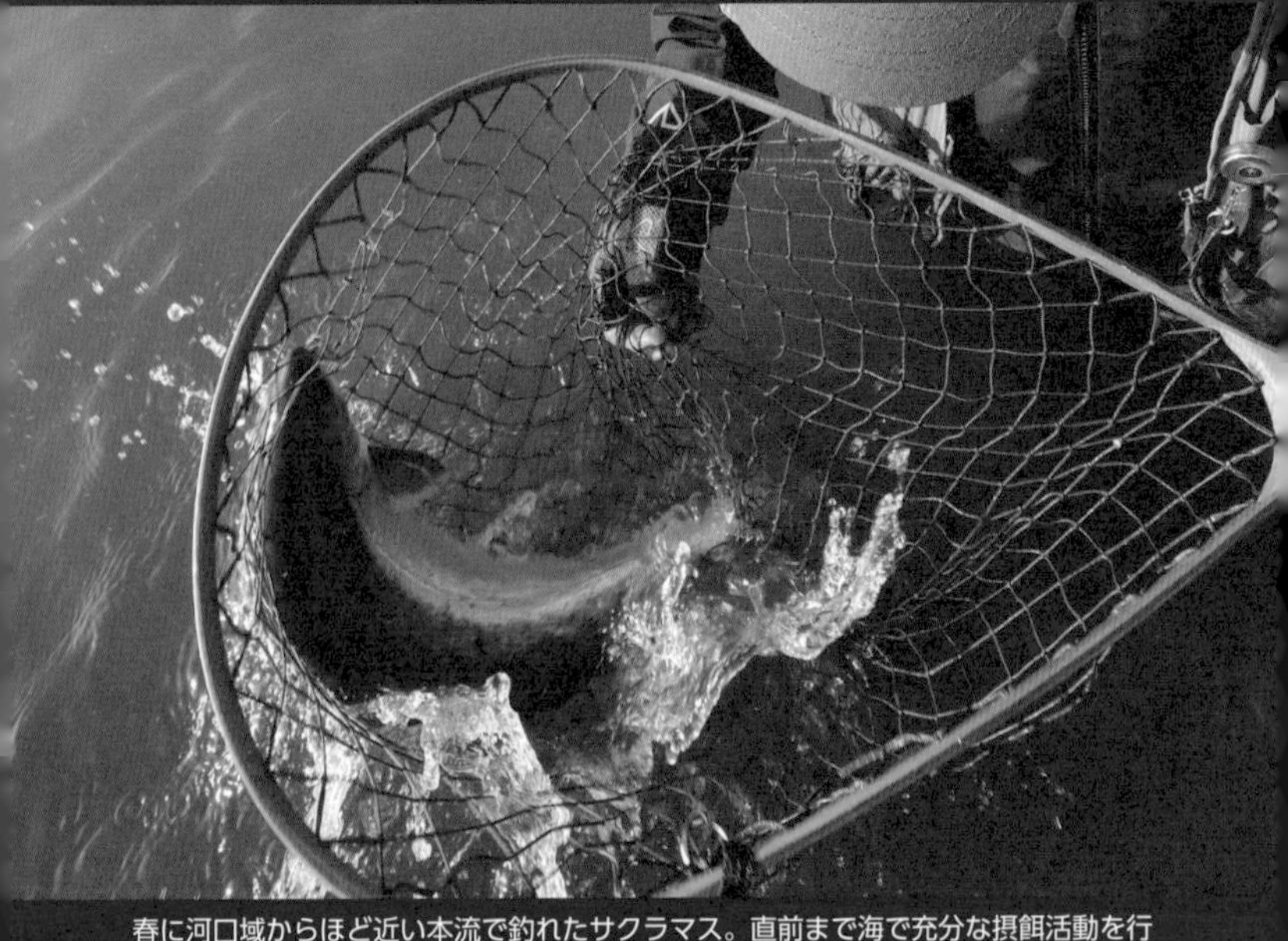

春に河口域からほど近い本流で釣れたサクラマス。直前まで海で充分な摂餌活動を行なっていたためか、栄養状態のよさそうな厚みのある体をしていた

否定・肯定論それぞれの解釈

今シーズン（２０２１）は、ダム遡上魚も含めて腰をすえてサクラマスの生態を調べたいと思っているが、現時点ではまだサクラマスタックルに手が伸びていない。去年はフィールド研究もおろそかになっていたので本流の偵察と調査手法の開発もかねて、まずはライトタックルを片手に川を回っているところである。

さて今回は、サクラマスをねらうアングラーの間で長らく解釈が分かれ、論争が続いていたトピックの１つである「サクラマスが海から川に遡上した後にも（純粋な目的で）摂餌行動を行なうか、否か」という疑問について考えてみたい。

まず、これまでの経緯を摂餌否定論、肯定論に分けて簡単にレビューしてみると、たとえば摂餌否定論としては、「過去に釣りあげたサクラマスは胃の中が空っぽのことが多かった」、「サクラマスは川に遡上したての春には脂も乗って太っているが、夏以降は痩せている」、あるいは「サクラマスは川に遡上した後はエサを消化する能力がなくなるらしい」、といった意見が聞かれる。

対して肯定論では、「釣りあげたサクラマスを手にしたら口からアユがこぼれて落ちてきた」、「エサ釣りではドバミミズなどのエサでサクラマスが釣られている」、さらには、「ルアーでコンスタントにサクラマスが釣れるのだから、彼らには食欲もあるのではないか」、といった意見が聞かれる。

一方で、後者（摂餌肯定論）に関しては、サクラマスがミミズやルアーを口に入れるのは食

著者が広瀬川で釣った銀化のヤマメ。サクラマスの偵察も兼ねて本流を歩いている

欲ではなく攻撃性や反射、あるいは好奇心からではないか、といった反対意見も聞こえてくる。このように、サクラマスの摂餌問題に関してはいわばどちらの解釈もなりたつ状況が久しく続いてきた、と言える。

そこで今度は、もう少し俯瞰した視点からも眺めてみたい。前述のように、サクラマスが川で摂餌を行なわないとする摂餌否定論は、主には釣りあげた魚が空胃だったといった状況証拠によって支持されてきたが、その他にもたとえば、同じ太平洋サケ属に属するシロサケなども遡上後はほとんど摂餌を行なわない、といったような、同属の他種からの系統的な類推もある。つまり、この考え方ではサクラマスだけではなく、川に遡上した太平洋サケ属の親魚は基本的には摂餌を行なわない（だからサクラマスも摂餌を行なわないのでは）、と解釈される。

しかし、我が国以外に目を向けると、じつは同じく太平洋サケ属に属するマスノスケ（キングサーモン）では近年、川に遡上した親魚を捕らえて畜養池内でエサを与えると一部の魚が摂餌を行ない、エサを与えなかったグループに比べると体重の減少が起こりにくく、配偶子のクオリティーも向上する可能性が示されている。つまり、太平洋サケ属に広く目を向けると、必ずしもすべての種が遡上後に摂餌を行なわないわけではない、と考えられる。実際、オレゴンのウィラメット川などでは地元の釣り人が「roe bait（直訳すれば魚卵、白子）」と称される、着色された筋子やシャコなどの生エサでマスノスケを釣っていた。また面白いことに、上記の研究グループによれば、同じくギンザケやシロサケの親魚も河川内である程度は摂餌を行なっているという。これらの現象から、少なくとも太平洋サケ属は河川遡上後には摂餌を行なわない、と一括りにするのは正確な理解ではないと考えられる。

一方、サクラマスの種内にさらに目を向けると、おそらく摂餌肯定論をサポートするであろう、別の現象も見えてくる。たとえば、すでに何回か触れているように、サクラマスとは何らかの理由でヤマメとして川に残ることができなかった、（ヤマメの）降海回遊型の個体である。したがって、海から川に遡上したサクラマスも、川に残っている同年齢のヤマメも、本質的には同じルーツを持つ、兄弟のような間柄だと言える。

そのように捉えると、同年齢のヤマメは、サクラマスが摂餌を行なわないとされている2歳の春から秋の間も河川内で活発に摂餌行動を行ない、場合によってはこの間、体成長も続けていることは、大変に興味深い。つまり、同種のヤマメが河川内で摂餌を行なっているのであれば、同じ年齢のサクラマスが同様に摂餌を行なったとしても、生理学的には何ら不思議ではない、ということになる。あるいは、同じ出自を持つ両者であっても、サクラマスには摂餌を行なわない、なにか別の理由があるのだろうか。

電子顕微鏡が示す摂餌の事実

さて、ここで1枚の写真をご覧頂きたい。これは、北海道の河川内で9月に採捕されたサクラマス親魚（査定の結果、この魚は少なくとも海から遡上後、3ヵ月間程度は川にいたと考えられる）の消化管内の電子顕微鏡写真である。多少分かりにくいかもしれないが、写真内に写っている三日月状の物体は、サクラマスが川の水と一緒に飲み込んだ、珪藻などのプランクトンと考えられる。

注目して頂きたいのは、黒い矢印で指しているところで、これらは、何らかのエサ生物が消化されてできた、サクラマスの糞便だと考えられる。つまりこの写真は、少なくともサクラマスの親魚が河川内で何らかのエサを食べることがあり、ヤマメと同様、それらを消化する能力も持っていることを物語っている。この知見を踏まえ、本書では以後、サクラマスは川の中でも摂餌と消化を行なう能力を備えている、との立場をとることにしたい。

もし、サクラマスが川の中でもエサを食べ、それらを消化する能力も備えているとすると、釣りあげた多くのサクラマスが空胃であったり、夏以降には痩せてしまったりと、見かけ上は彼らがあまり摂餌を行なっていないように見えるのは、なぜだろうか。

おそらくそれは、サクラマスの海での摂餌行動の成否と、彼らの体の大きさに関係している

サクラマスの消化管内の顕微鏡写真（海洋と生物 2018 より転載・写真提供 北海道立総合研究機構さけます・内水面水産試験場 水野伸也博士）

のではないかと考えている。

まず、春に河口～下流域で釣られるサクラマスの多くが空胃なのは、彼らが直前まで海で充分な摂餌活動を行ない、河川遡上後もしばらくの間は摂餌を行なわなくてもよいだけの栄養状態を備えた状態で遡上を開始するためではないかと考えられる。あるいは、もしかすると彼らは最悪の場合、産卵期までの約半年間、ほとんどエサを摂らなくても生理的に耐えられるよう、あらかじめ準備している可能性も考えられる。

この前提に立つと、河口域のフレッシュランは無理に摂餌を行う必要はなく、彼らがルアーにアタックしてくるのは、それらをよほど好条件のエサと見なした場合か、あるいは従来言われてきたようにリアクションや攻撃性のため、という可能性も考えられる。

一方、河川内でしばらく過ごし、その間に徐々に体内の栄養ストックが減少に向かう晩春以降のサクラマスの場合、もしも彼らの目の前に摂餌可能なエサがあるならば、それらを摂食しない理由は特に見当たらない、と考えられる。

ただし、この時、体サイズが50㎝を超えるような大型のサクラマスにとっては、河川内で手に入り得る一般的なエサアイテムでは必ずしも彼らの巨体を支えるほどの充分な栄養源とはならないことが多いと思われる。そのような場合、サクラマスはよほど大量のエサ、あるいはある程度の大きさのエサを効率よく捕食できる状況でない限りは、摂餌行動を行なうことでかえってエネルギーを無駄に消耗することにもなりかねない。そのため、サクラマスの親魚は川の中でも摂餌を行なうことができるものの、エネルギーの収支がプラスとなる好条件のエサにしか手を出さないため、我々からは普段、ほとんど摂餌を行なっていないように見える、というのが実際のところではないだろうか。

第11回

降湖型サクラマスの回遊パターンを探る

ダム湖のサクラマス釣りが苦手である。特に岸からの釣りとなると、眼前に広がる湖のどの場所のどの水深にルアーを通せばいいのかがイメージできず、すぐに不安になってしまう。この苦手意識を克服するため、今回はこれまでのバイオテレメトリーのデータを紐解きながら、降湖型サクラマスの回遊を理解するヒントを探ってみたい。

鏡状態の洞爺湖。チャンスの気配が薄い時でも、サクラマスの動きが分かればヒットに近づけるのかもしれない

北海道の釣り人、菅原泰さんが釣りあげた洞爺湖の湖沼型サクラマス。大型の多い洞爺湖でもこのサイズはなかなか出ない

奥多摩湖の降湖型から始まったサクラマス釣り探求

中学生の頃、東京の川で良型ヤマメを釣ることができずにいた私が次に目をつけたのが、ダム湖にいる降湖型サクラマスだった。その頃、バス釣りで通っていた奥多摩湖ではサクラマスが釣れる話が時折『つり人』などで紹介されており、私も春先や晩秋にはスプーンを投げるようにしていた。だが、この魚が釣れる気配は一向に訪れなかった。バスとは異なり、サクラマスは湖内を大規模に回遊している魚だということが故・西山徹さんの書籍などにも記されていたのだが、この魚がいつ、湖内のどの場所のどの深度を泳いでいるのかは私にはさっぱりイメージできなかった。結局はのんき屋前の馬の背で待ち伏せの釣りをすることになるのだが、そういう時に限って表層を通したチヌークに季節外れの大型バスがヒットし、複雑な気分になることも度々あった。最終的に奥多摩湖では2尾の小型サクラマスが釣れたものの、どちらもまぐれの産物と言えた。

次に湖沼型サクラマスに目が向いたのが、現在暮らしている宮城県にある七ヶ宿ダムだった。こちらは魚影がかなり濃そうで、粘ってさえいれば奥多摩湖よりも結果は早く出ると思っていた。事実、最初の釣行の、開始30分で同じ馬の背から2尾の良型が出た。となると、魚影が濃い湖ならば無心でキャストを続けさえすれば結果がついてくる、という理屈になるが、実際にはそれ以降は奥多摩湖時代のように何回通っても釣れない悪循環に陥ってしまった。せめて今、自分が通しているルアーのかたわらに魚がいそうかどうかだけでも分かればモチベーションも保てるのだが、とその時も思ってしまった。

話は前後するが、仙台に移って新たに視野に入ってきたのが、降海型のサクラマスだった。私にとってそれらはまだ見ぬ究極のターゲットであり、東北の川の下流域はフロンティアに映った。その登竜門として、仙台移住後の数年間は玉川遠征と並行して追波詣《おっぱ》でにもいそしんだ。しかし、私からすれば追波もまた奥多摩湖や七ヶ宿湖と同じ、つかみどころのない水塊に感じられ、苦手な場所だけが増えていった。

ご存知の方も多いと思うが、追波のメジャーポイントである北上大堰の下流域では左右両岸から釣りができる。だがサクラマスは両岸でそれなりに釣れることもあれば、どちらか片岸で多く釣れるバイアスが現われることもあり、その傾向はその年、あるいは同じ日でも流量や天候などによって変化するらしいことを、地元の老アングラー諸氏から教わった。なので、ある日どちらかの岸に立ち、その直後に対岸で立て続けにランディングシーンが遠望されると、よいものを見せてもらったと鼓舞される反面、今日はこちら側の我々は駄目かもしれないと、周囲のアングラーと敗北感を共有する日も多々あった。

ある日の夕方、その日も何事も起こらず、そろそろ納竿、と思いながら惰性でキャストをしていると、背後から仙台のとある人物が声を掛けてきた。その方は私の心を見透かしているのか、「追波は一見、広大な水たまりにも見えるけど、それでもやっぱり川なんだよね。それに、サクラマスは海から帰ってきた後も基本的には川にいた頃（ヤマメ）と性質が一緒なんだよ」、と夕陽を背に浴びながら話された。「今シーズンは今のところ向こう（国道側）が多く釣れているけど、それは最近の放水パターンだとあそこが澪《みお》筋になるからで、状況しだいではそこにある緩流帯にも鱒が寄るんだよ」と続けられた。

つまり、その方の見方に従えば、追波はつかみどころがない水塊、ではなくあくまでも渓流や本流の延長線上のフィールドであり、広大な空間を、流れ込み、澪筋、傍流、受け、と区分し、そこに水温や流量といったファクターを加味していけば、ヤマメと同様、サクラマスの居場所も絞りこめる、ということになるらしい。真偽のほどはさておき、この時のやりとりが印象に残り、私は川をせき止めてできたダム湖もまた川と同じ、と考えるようになった。

音波発信機で湖沼型サクラマスの動きを調査

今回、紹介するテレメトリー調査は、宮城県の小型のダム湖で2015年に行なったものである。実験ではまず、サクラマスの腹腔内に小型の音波発信器を挿入（インプラント）した。一方、調査地となる某ダムの下流域の湖心（ダムサイト付近の網場）には音波受信機を1基、据え付けた。受信機には一定の受信エリアがあり、その性質を利用することでサクラマスがダムサイト付近にいるか、あるいは上流のインレット方向に移動したかといった水平移動を大まかに把握できると考えた。また、発信機には深度センサーと温度計が搭載されており、サクラマスが泳いでいた水深とその時の水温（経験水温）も割り出された。

このシステムを用いて、あらかじめ音波発信器を装着しておいた体長約30㎝のサクラマスを1尾、5月20日にダムサイト付近に放流した。この日の表層水温は約15℃だった。そこからこの実験魚の行動を追跡できたのが、約1ヵ月後の7月1日までである。そこで次段以降では、「水

潮止まりの時間帯の宮城県追波川。流れが弱まると川らしさがさらに薄まり、まさに「水塊」となる

長年釣り人が語り継いできた湖の実績ポイントには、その時期にサクラマスが回遊してくる理由があるはず。水温か、それとも捕食行動か。その理由が分かれば釣りの精度がもっと高まるに違いない

岩手県岩洞湖（右）と同湖のサクラマス。訪れるアングラーは多いが、幸運に恵まれる人はそう多くない。魚の大きさは 40㎝ほどで充分大型と言える

平移動」、「垂直分布」、「経験水温」の3つの成分にわけて、この間のデータを概観してゆきたい。

「水平移動」

前述したように、5月20日に放流した実験魚は約1ヵ月間、1基の受信機で連続的にモニターすることができた。ちなみに、このダム湖は全体に細長く、ダムサイトから唯一の流入河川（インレット）までの直線距離が約4㎞ほどである。一方、ダムサイト付近に設置した音波受信機の受信エリアは、アンテナを中心とした半径数百メートルの範囲であり、ダム全体の約10％の面積をカバーしていると推測された。したがって、このサクラマスは放流から約1ヵ月の間は基本的に湖面の約1割に相当するダム最下流エリアにい続けたことになる。その理由についでは後半部分でもあらためて触れてゆきたいが、実験開始当初は単純にこの魚が放流地点から動きたくなかったか、あるいはこの場所にサクラマスを引き留めるなんらかの要因があるものと考えていた。

一方、取得された水平移動データを詳しく眺めてみると、このサクラマスは約1ヵ月の間、常にダムサイト周辺に居続けていたわけではなく、じつは頻繁にこのエリアからいなくなっていたことも分かってきた。つまり、この魚は基本的にはダムサイト周辺を生息の拠点としながらも、一定の頻度で受信機の圏外となる別のエリアへの水平方向の回遊も行なっていたことになる。たとえば、5月20日から同月末までの間、この魚は平均すると1日あたり数時間の頻度でこうした回遊を行なっているようだった。一方で、6月上旬から中旬にかけては回遊の頻度は一時的に低下し、多くの時間をダムサイト周辺で過ごすようになった。ところが、6月下旬からは再び回遊の発現頻度が5月を上回る勢いで増加し始め、顕著な例では6月下旬には3日間ほどこのエリアからいなくなった。その後は、再度このエリアに戻ってきて2日間ほど滞泳したが、7月1日には再び離脱し、以降、実験を終えた秋まで一度も戻ってくることはなかった。

「垂直分布」

以上の水平移動のデータから、この実験魚がサクラマスでよく言われるように、湖内で頻繁に水平方向の回遊を繰り広げているようすが実態として浮かび上がってきた。また今回の研究では1尾だけのデータという制約は付くが、サクラマスの一部はおそらくダムサイトなどの特定のエリアを生活の拠点と定めつつ、そこから不定期に別の場所(今回の場合はおそらくは上流域)への回遊を繰り返しているようすも見えてきた。つまり、サクラマスは決して広大な湖内をランダムに(あるいは無限ループ状に)泳ぎ回っているわけではなく、基本的にはある特定の生息拠点を持ちながら、諸条件に応じてそこから出先のエリアへと定型的に回遊(往復移動)を行なっている可能性が浮上してきたのである。

では、このことを踏まえつつ、次に垂直分布のデータについても見てゆきたい。まず、今回の調査では実験魚が7月1日までの間に検出された際は、基本的に表層から水深15mのレンジに滞泳していたことが明らかとなった。この湖ではダムサイト付近の水深が約80mとされているので、この魚は全深度の2割程度の水深帯を利用していたことになる。

一方、データを積み重ねていくと、垂直分布にもある種の傾向や例外が生じていることが分かってきた（例外については後述）。たとえば、傾向としてこの魚は5月下旬にはもっぱら水深5m付近の狭いレンジ内で滞泳しており、それが6月上〜中旬になると徐々に5〜10mの深所へと潜行していったことがデータから読み取れた。この現象は、以前からアングラー内で共有されているとおり、サクラマスの分布深度が季節的に深所へとシフトしていく過程と考えられた。

では、6月中旬以降はどうなったかというと、じつはこの魚が分布する最大深度は引き続き深くなってゆく傾向を示したが、その際に、分布深度はより浅くなる方向にも拡がってゆき、最終的には2〜15mの幅広い水深帯が利用されていたことが確認された。また、この魚は日中の時間帯は水深5〜15mの深所に分布していて、午後から夕方の時間帯になると5m以浅の浅所に浮上してくる、かなり明瞭な日内移動を示すことも確認された。

「経験水温」

以上、ここまでで述べた水平・垂直方向の移動のようすをまとめると、本実験に用いたサクラマスは5月下旬から7月1日にかけて、ダムサイト周辺を生活の拠点エリアとしながらも、そこから不定期に水平・垂直移動を組み合わせた回遊行動を発現していると考えられた。そこで最後に、こうした一連の行動に水温がどのような影響を及ぼしていたのかについても簡単に触れておきたい。

今回のサクラマスの経験水温を水平移動・垂直分布のデータとつき合わせたところ、いくつかの興味深い関係性が浮かび上がってきた。たとえば、前述したようにこの魚は5月下旬から6月中旬にかけて徐々に分布深度を深めていったが、実はこの間、経験水温のほうはコンスタントに13~17℃の範囲に保たれていたことが分かった。つまり、この魚が季節に応じて分布深度を調節していったのは、自身の経験水温を好適な範囲に保つためだったと考えられる。これは、サクラマスが冷水性のサケの一種であることを踏まえれば極めて妥当、かつ重要な行動機構（行動的体温調節）だと思われる。

では、6月中旬以降、実験魚が水深2~15mの浅所、深所間で垂直移動を繰り返していた時の経験水温は、どうなっていただろうか。まず、この魚が日中、おもに深所にいた時の経験水温は、それまでと同様、基本的には15~17℃のレンジ内で推移していたことが分かった。つまり、この時期に実験魚がさらに深所に潜航していったのは、引き続き経験水温を好適な範囲内に保つためだったと考えられる。一方で、この魚が浅所に浮上した際の経験水温は、日によっては20℃を超えることもあり、瞬間的には22℃に迫っていたことも明らかとなった。この温度の高さは、サクラマスにとっては生息適水温の上限に近く、決して好適な温度条件ではないと考えられる。ということは、逆説的にはこの実験魚はこの時期、なんらかのやむを得ない事情で浅所に浮上していたと考えられなくもない。また、こうした高水温の負荷が連続して加わるようになったため、この魚は7月1日を境にダムサイト周辺から別の場所へと離脱した可能性も考えられる。

なお、垂直分布、経験水温の例外（イレギュラーな事例）について一例を挙げると、この魚は5月下旬から6月下旬の間に数回ではあるが、水深40mに迫る深深度に潜行したことが分かっている。また、その間には経験水温が10℃前後まで低下することもあった。こうした行動にも何らかの生理・生態学的な意味が潜んでいると考えられるが、それについてはまた別の機会に論じることとしたい。

実験結果から分かったこと

以上、今回紹介したデータは誌面の都合もあって断片的なものとなっており、なかなかこれらの情報から降湖型サクラマスの回遊の実像を再構築することは難しいと思われる。データには、これらの他にも気圧と垂直移動の関係を示す物も含まれるので、あらためて別の機会に紹介したい。最後に、今回の結果を再度簡単にまとめ、私見も交えた考察も記しておく。

まず、今回の実験ではサクラマスが定説どおり、ダム湖内で水平・垂直移動を織り交ぜつつ、比較的高頻度で回遊を行なうようすが確認された。またデータからは、この魚が生息拠点エリアと出先エリアを結んで定型的な回遊行動を発現することも示唆された。今回の実験魚は生息拠点と思われるダムサイト付近に長時間、滞泳していたことから、彼らが生活拠点と定めるエリアは、基本的にその個体の摂餌や成長を支えるだけの安定した条件を備えている所だと考えられる。逆説的に言えば、こうした条件が整わなくなった時に、サクラマスは出先エリアへの回遊を頻発するようになるのかもしれない。だとすれば、環境が豊かな湖であれば、サクラマスは複数の拠点エリアを持ち、各エリア間でより定型化された回遊を行なうことや、ある

季節によって湖内の水温は大きく変動する。それに合わせてサクラマスも移動しているようだ

いは逆にほとんど回遊を行なわなくなるといった回遊のバリエーションを示すことも予想される。

一方、今回の実験ではサクラマスがおもに表層～水深15mの範囲内で一連の回遊行動を行なうことが明らかとなったが、垂直移動の重要な役割は、サクラマスの経験水温を一定の範囲内に保つことだと考えられた。一方、今回の実験では6月下旬以降に実験魚が深所と浅所の間を頻繁に行き来し、浅所では一時的に経験水温が大きく上昇する現象も見られた。サクラマスがこうして好適水温を逸脱しそうになってまでも浅所に出てくる最大の理由は、この時期、浅所にしか好適な摂餌環境が存在しなかったためではないかと、個人的には想像している。水温と摂餌環境は、サクラマスの回遊行動を規定する上で、双璧を成すファクターではないだろうか。

また、今回の実験では実験魚が7月1日を境にダムサイト周辺から忽然と姿を消したことも、特記事項として挙げられよう。もちろん、この魚が鳥などの外敵やアングラーに捕獲された可能性も考えなければならないが、この魚が離脱の直前に頻繁に水平・垂直移動を繰り返し、浅所における経験水温が大きく上昇していたことを鑑みると、サクラマスは自身にとっての生理的な上限に近づくと、限界を迎える前に新たな環境を求めて飛躍的な大規模回遊を発動するのかもしれない。あるいは、ダムの形態によってはサクラマスは夏の間、新たな水温・摂餌環境を求めてより深所へと生息拠点を潜行させてゆく可能性も考えられるが、今回の場合は水平移動が優先されたのであろう。

こうして見ると、ダム湖に生息するサクラマスも、生息空間のスケールは違えども基本的には本流ヤマメなどと同じ行動原則に基づいて湖内を回遊しているようにも思える。

第12回

ヤマメとイワナの保全のあり方を思う

日本の渓では今後、どのようにヤマメやイワナの保全を進めることできるだろうか。シーズンも一段落している今、このテーマについて、少し思いを巡らせてみたい。

古い堰堤の中には肝心の魚道が機能していないものもある

私のヤマメ研究の原点

今から数十年前、この釣りにのめり込んだ中学生の頃、ヤマメやイワナが思うように釣れないのは自分の腕のせいもあるが、なんらかの背景で彼らの個体数も少なくなっているからではないかと感じ始めていた。

たとえばある雑誌を図書館で読んでいた折、私が通っている秋川水系ではかつて、近くの宿屋の主人が毎夕その日の泊まり客に出す分のヤマメを釣りにきていた、との記事が載っていた。その後（今から数年前）、黒部川の源流域では今でも同様の営みが続けられていることをテレビで知ったが、かつては東京都下でも同じような光景が繰り広げられていたという事実は、いろいろな意味でショックだった。衝撃のあまり、じつは今でもその区間にだけはヤマメが濃密に息づいているのではないかと期待し、駆けつけたほどである。だが、やはりそのエリアは他の流域と同様、川幅が狭くなっており、その日、河原にはバーベキューを楽しむ親子がいただけだった。

そこで思ったのが、当時の東京の川では魚が増える速さよりも釣り人が魚を抜いてしまうペースのほうが速いかもしれない、ということだった。だとすると、いい釣りをするためにはサオ抜け区間を求めて檜原方面まで探釣範囲を広げるか、あるいは魚が少ない山麓の区間になんとかしてヤマメたちを増やすことはできないだろうかと考えた。中学生の私が実行したのが、とある区間に人工的にヤマメの楽園をつくるという目論見だった。まず、川としては途中に採石場があり、そこから下流には濁りがあって一見するとヤマメがいないように思える、とある支流に目をつけた。その上流の一区画にあった小さな深みを今回のポイントと定め、以降その周辺でヤマメを釣ってはビニール袋に入れて自転車で移送した。しかし、結局は何回か繰り返してもこの場所にヤマメが定着することはなかった。

この経験から気づいたのが、ヤマメやイワナを増やすためには人の主観で川に魚を詰め込むだけではだめで、器となる流域のトータルの環境も重要、ということだった。ちょうどその頃、たまたまテレビを点けるとタスマニアのロンドンレイクス(London lakes)が紹介されており、再び強い衝撃を受けた。ロンドンレイクスは、釣りのガイドでもあるジェイソン・ギャレット(Jason Garrett) 氏がブラウンおよびレインボーの理想的な釣り場を作りたいとの思いから私有地内に造成した、3つの人造湖から成る湖沼群だという。そのように、ある種ゼロベースから作り出された環境でも充分にマスたちが暮らせるということもさることながら、ロンドンレイクスでは入場アングラー数が調整され、ほぼ全魚がキャッチ&リリースされて成長し続けていることにもカルチャーショックを受けた。

当時まだ学生だった私にとって、これらの取り組みのどれも、実践することは不可能だったが、ロンドンレイクスのような人造フィールドでも魚が定着するのであれば、日本の川の環境整備には充分に勝機があると感じた。ならば、それまでは将来の保全の「種」となるヤマメたちのようすを観察し、理解を深めておくことが先決と考えた。私がヤマメを研究したいと考えるようになった背景には、一連の経験があったと思われる。

水槽でヤマメを観察する楽しみ

水槽はある種の閉鎖水系であり、釣りができないことを除けばいつでも渓魚を観察できるプライベートフィールドとも言える。実際、ここでは釣りに役立ちそうなヤマメやイワナの興味深い生態をいくつも見ることができた。

私の場合、水槽は長さ120㎝の角形のアクリル水槽を用意し、そこにエーハイムの外部濾過器と底面フィルターを設え、水槽内には礫や砂利で渓流の環境を模した。その際、参考としたのが葛西臨海水族園の淡水生物館の渓魚水槽で、時にはここに直行し、本館のマグロ回遊水槽を見ないで帰ってきたこともあった。ヤマメは、御岳にある養魚場から5尾の稚魚を購入した。一連の飼育でもう1つ参考になったのが、白石勝彦さんらが書かれた、『野生魚を飼う』だった。

四角い水槽で複数のヤマメを飼うと、まず間違いなく喧嘩が起こり、大型の1尾、ないしは2尾の魚がコーナーにナワバリを張って他の魚を攻撃することが分かった。放っておくとこうした優位個体だけが空間やエサを独占してしまい、負け組の個体は度重なる攻撃と生理的なストレスで尾ビレがボロボロになり、最悪の場合は死んでしまうことも知った。ヤマメが進化の過程で培ってきたストイックなまでの攻撃性を垣間見、彼らがルアーにアタックしてくる動因の一部もこうした性質によるものであることが肌で感じられた。

こうして繰り返されるヤマメの攻撃行動は、水槽やヤマメの組み合わせを変えてもほぼ毎回、観察された。なので、水槽でヤマメを飼うにあたっては原則、単独で飼うのがベストだと感じた。大学院の時には60㎝のガラス水槽に湧水を掛け流し、数千尾に1尾の割合でのみ出現するといわれるコバルトブルーのヤマメを単独飼育し、毎晩眺めていた。

その後、トライアンドエラーを経て、じつはヤマメたちを円筒形の水槽で飼うとナワバリ争いが起こりにくくなることに気がついた。こうすることで、攻撃側の個体が水槽内で確たるナワバリを形成できなくなるためだと思われる。さらに、こうした円筒形水槽内に水流を付けたり、エサを一定の頻度で与えると争いが起きにくくなることも分かり、環境条件しだいで彼らの生息キャパシティーが変化することに気づいたのも、大きな収穫だった。

ヤマメ・イワナの保全のあり方を考える

それから数十年の時が過ぎた。多くの川では今でもヤマメやイワナの生息個体数が少なく、河川環境に難が多い箇所が残っているのが現状である。その点において、我々の漁場改善の試みはまだ道半ば、あるいは始まったばかりだとも言えよう。

ただ一方で、器となる川の環境をどのように改善し、保全の対象であるヤマメやイワナをどのようにして増やすかといった課題に関しては多くの議論が積み重ねられ、数十年前に比べると明らかに焦点が明確になってきている感もある。たとえば、河川環境に関しては新規に作られる堰堤や砂防ダムに基本的には魚道が設置されることが多くなり、既設の河川横断工作物に対しても魚道が付されるか、スリット化工事が行なわれるような機運が各地で高まってきている（75頁～「第8回　切り欠き魚道」参照）。

また現在、多くの川では洪水対策（河道断面の確保）の一環として定期的に河床の礫の除去や河道の拡幅といった工事（整備）が行なわれているが、以前であればヤマメやイワナの生息環境に対する配慮が欠かれ、単に河床を平べったく整地してしまうような工事も散見されたのに対し、近年では防災機能も担保した上で魚類や水生昆虫の生息空間となる岩や砂礫を一定の割合で残す工法も広がりつつある。今年度（２０２２）は、宮城県内でも同様の工事が行なわれる予定となっており、その点においては確実に明るい未来が視野に入ってきていると言いたい。

こうした一連の議論や多方面の方々の尽力の結果、一部の河川や区間ではあるが、ヤマメやイワナの生息数が徐々に増加していることが報告されている。もし、こうした器としての川の整備が弛みなく推進されれば、さらに多くのエリアでヤマメやイワナが増え、将来的には人工種苗の放流に頼らない資源管理も可能になると期待され、私も今後はそうなるべきだと考えている。

しかし、その一方で、依然として環境配慮が充分に推進されていない川や、河川横断工作物が魚道・スリット化工事されないまま放置されている渓があるのも、また事実である。そのような区間においては環境の整備が推進されるまで、引き続き人工種苗による資源管理も必要になると考えられる。

ヤマメやイワナの人工種苗を河川に放流する際に最も問題となるのが、種苗の放流によって本来その川にはないはずの遺伝子を持った個体が放たれてしまうことである。さらには、これらの個体が在来の野生魚と交配（交雑）してしまうと、その川本来の個体群の遺伝的特性が失

人工種苗の放流には本来その川にはない遺伝子が放たれる問題がある。その水域特有の個体群の存在に考慮した放流事業が望まれる

放流に頼らず魚を維持し、そして増やすには彼らが生きる器を取り巻く環境の改善が欠かせない

なわれてしまうことが危惧される。その結果がもたらすところは、地域固有の個体群の形質が途絶え、国内のヤマメ、イワナの本来の多様性が失なわれてしまうといった形質上の問題だけではなく、最悪の場合はそのエリアの個体群の減少や消失が突発的に起こりかねない、という点である。人工種苗の放流には、引き続き細心の注意を払うことが必要である。

最後に繰り返すが、前述した課題が浮き彫りになってきているということは、数十年前に比べて河川環境や人工種苗放流に対する認識や考え方が、格段に向上してきたからである。動きにくかった山も、確実に動き始めているのだ。

私個人も、引き続き河川整備について知見や経験を積み重ねていきたいし、最近、宮城県の養鱒家である岩渕和彦氏に指導頂きながら、新たな人工種苗生産法の開発にも取り組んでいる。その要諦は、ある川に放流するヤマメ種苗は原則、同じ水系、もしくは近在の水系で採捕した親魚から作成する、ということである。この目的のため、今年は県内のとある河川で採捕した野生魚の雌雄から採卵を行ない、ちょうど先日、ほぼすべてが発眼卵となったところだ。

もちろん、採捕した親魚が過去に他所から持ち込まれた人工種苗の血を引いている可能性もあり、現段階では実際の種苗放流に用いるには時期尚早であるが、今後は遺伝子の解析法の検討も進めながら、新たな資源管理のツールとなり得るか、検証を続けたいと考えている。

第13回
気仙川のヒカリの行方（前編）

2010年、私的には一度、銘仙気仙川のヒカリに別れを告げた。
それから約10年、故あって再びこの川の状況を調べるに至った。

2009年の春、気仙川でフライフィッシャーが釣った河川残留型のヤマメ。この日の釣行では「ヒカリ」は1尾も姿を現わさなかった

2004 March、1年目

2004年3月上旬、宮城県温湯《ぬるゆ》温泉の佐藤旅館に投宿し、朝から入渓した一迫川は好調だった。両岸はまだ根雪に覆われていたが、快晴の下で鈍く光る飛び石の上には羽化したてと思われるカワゲラが飛来しており、その周りではヤマメのライズも散見された。ところが10時を過ぎ、気温が上がり始めたあたりからは徐々に雪代がきつくなり、そのせいか、ついには渓魚からの反応は途絶えてしまった。宮城県に移住してから約1年、私はまだ雪代をエスケープできる渓のオプションを持っていなかったが、唯一、記憶の中からは三陸沿岸河川である気仙川の名前が思い浮かんだ。そこで私は、その日のうちに未だ見ぬ気仙川に行ってみることにした。

東に120㎞移動し、気仙川流域に入った頃にはすでに15時を回っていたと記憶している。マップルを頼りにたどり着いたのは、下流域のとある橋だった。そこから欄干越しに見えたのは、川幅の3割はあろうかという帯状のサクラマスの群れが蛇行をしながらゆっくりと川を降っている、圧巻の光景だった（27頁〜「第3回　サラマオマスの旅」参照）。

このような川魚の大群といえばハヤしか思い当たらなかった当時の私にとって、眼前に出現した壮大な景色は、サクラマスの桃源郷にほかならなかった。日本の、しかも本州にまだこのような川があり、偶然にもその場所に居合わせることができようとは。今も思い起こすだけで胸が締め付けられる。それまで実験所の養殖サクラマスしか知らなかった私にとって、これほど多くの野生のサクラマスが黒い塊となって川を泳ぐシーンは夢にまで見た原風景だった。それは、私が長年思い描いていた理想の川との出会いでもあった。その日、私はサオをだすことを忘れ、日が暮れるまで途切れることのないサクラマスの帯を見続けていた。

住田町よりも少し下流側（陸前高田市）の気仙川。河口からわずか10㎞ほどで渓流相になる

2005 March、2年目

翌2005年の解禁日、私はロッドを手に、気仙川上流のとある橋の上にいた。今度は本格的に野生サクラマスと、この川の環境を調査するためである。

この日から2010年の3月まで、私の気仙川通いが続くことになった。当時の私は、過去に養殖サクラマスから得たデータが果たして野生のサクラマスにも通ずるかどうか、また、それまでの研究知見が川の生態系の理解や将来の保全に役立つか否か、この眼で見定めたいと考えていた。この目的のため、養殖魚のように、とまではいかないまでも、私の腕でも一定数の野生サクラマスが採捕できる川を捜しており、ようやく巡り会えたのがこの川だった。
いまだ瞼に焼き付いている昨春の光景から、この川では上流域にもかなりの河川残留型（ヤマメ）がいるだろうと踏んでいた。実際、最初に入ったポイントではコンスタントに渓魚からのアタリが伝わってくる。ネットに収まった魚は、今まさに下流域を海へと降っているであろう降河回遊型のカウンターとなる、パーマークが浮かびあがったサビ色のヤマメたちであった。ここまでは、順調に調査も滑り出した。しかし、3月になったとはいえそこは東北、リーリングをしているとトップガイドがしょっちゅう凍りつき、ラインが引っかかってしまう。そこで、上流域での釣りは1時間ほどでいったん切り上げ、先に下流域でサンプリングを行なうことにした。

満を侍して昨春のポイントに車を乗り入れ、ここからは予備のため、2セット目のタックルも組んだ。続いて、サクラマスをサンプリングするための遠心機などの機器類をコールマンのテーブルに並べていた。ところがその刹那、不意に川上から突風が吹き下ろし、はたと振り返った時にはジムニーに立てかけておいた2本のロッドがゆっくりとリアゲートに飲み込まれてゆくところだった。いつもなら、ティップが欠けた程度ならば応急処置したショートロッドで釣りを続行するところだが、ジムニーの横開き式のリアゲートは2ピースのティップ・バットをどちらもプレスしており、調査は早くもここで強制終了となってしまった。その時点ではまだタックルを取りに仙台に戻ることもできたが、その時は不注意でロッドを折ってしまったショックと自己嫌悪でしばし呆然とするしかなかった。

それから、10分ほど経っただろうか。振り向くと1台のクラウンが土手を下り、バンピングしながらこちらに走ってくるのが見えた。そのまま眺めていると、運転席から初老の岩手紳士が降りてきて、にこやかに「ここで釣りをしてもいいですか」、と話しかけてきた。

宍戸明氏は、ルアーもたしなまれるそうだが、私は彼をゼロ釣法の名手として知ることになった。後で聞いたが、私が呆けていた場所は例年、降河途中のサクラマスが必ずといっていいほど滞留する有望ポイントの一角だったそうだ。ともかくも、タックルを失った私はもとより氏の申し出にどうこう言える立場ではなかったのだが、ならばこちらもダメ元でと、宍戸氏が釣った魚からホルモン解析用の血液サンプルを頂きたい、と申し出たのが今に続く宍戸氏との交流の原点となった。

2006 March、3年目

カツッ。流れに向かってスプーンを投げると、小気味よいアタリが断続的に伝わってきた。おそらく目の前の流れだけでもゆうに数百尾以上の魚が泳いでいるに違いない。時折、視野の中ではキラキラと銀白色の魚体をローリングさせている魚も見える。しかし、ルアーを投げていればコンスタントに彼らが釣れ続けるかというと、そうでもなかった。時間帯によって、ルアーでの釣果には明らかに波が見られた。もしルアーで釣れない時に魚が表層付近で上ずっているようであれば、今度はドライフライのミッジングが奏功することが多かった。私はそれまで、降河型のサクラマスは海に降りることに専心しており、エサを獲ることには関心を持っていないと思っていたが、そこにはある程度厳格なマッチ・ザ・ベイト（match the bait）の時間があるように感じられた。また、目の前に魚がいるにもかかわらず、ルアー、フライともに沈黙する日や時間帯もあり、自身の腕を差し引いても興味深い現象だと感じた。

一方、初めて間近で見るゼロ釣法の爆発力は、想像の上を行くものだった。宍戸氏と同行していない日、私はサクラマスを釣り、麻酔をかけて体サイズを測り、血液を採取してまた釣りを再開、というサイクルを繰り返していくのだが、宍戸氏の横でサンプリングをしているとバケツの中に次々にサクラマスが追加され、サンプリング渋滞が起こった。さらに、この調査を開始して以降、宍戸氏を中心に調査賛同者の輪が広がり、製麺所の社長、スナックのマスターに呼びつけられながら、私は小走りで河原を行ったり来たりした。そのため、プライムタイムにはサンプリング時間の確保のため、「魚を釣る間隔を10分間に1尾に落としましょう」と〝自主規制〟をお願いすることも度々あった。ただ、そんな時にも宍戸氏が植物の髄から作ったという高感度ウキのレクチャーを受けたり、過去の気仙川の環境は到底こんなもんではなかった、といったアドレナリンが吹き出るような昔話を聞いたりしながら、楽しい時間が過ぎていった。

こうして研究は順調に進み、またその過程でより興味深い方向へと展開していった。たとえば当初、この調査では野生サクラマスを上・下流域で数十尾ずつ採捕し、過去の養殖サクラマスのデータと突き合わせたところでサンプリングを終えるつもりでいた。しかし、実際に野生サクラマスのホルモン測定結果を時系列に沿ってプロットしてみると、あるホルモンの血中レベルが午後から増加する個体が現われたり、日によってはそうした変動がより大きなスケールで起ったりすることが徐々に明らかになってきた。つまり、野生サクラマスのホルモンは彼らの内的な生理的機構だけでなく、気仙川のさまざまな環境要因の変動にも密接にリンクしていることが分かってきたのである。

　この結果は、サクラマスもまた自然界に組み込まれたシステムの一部であり、河川環境と一蓮托生の存在であることを暗示しており、私に新たな保全の観点を植え付ける重要な契機ともなった。この調査が進めばいずれは他の川の保全にも役立つヒントが得られるかもしれないと、手応えも感じはじめていた。しかし、この頃から気仙川には少しずつ、水面下の異変が起こり始めていた。

2007 March、4年目　そして……

　翌2007年の3月も宍戸氏と下流域のポイントで落ち合い、前年と同様、サンプリングの釣りを開始した。しかし、釣れはするものの、降河型サクラマスの個体数は昨年よりもやや少ない印象を受けた。次に、数㎞上流の住田町のポイントに入ったが、ここでも釣れてくる魚は少なく、徐々に心配が現実に変わりつつあった。さらに、翌年以降になると同時期に下流域に入っても、もはやサクラマスはほとんど釣れなくなってしまい、大股川との合流点よりも上流まで遡ってようやく少数の個体がサンプリングできるという、危機的な状況となってきた。また、上流域では降河型のカウンターとなる河川残留型のヤマメも釣れ難くなってきており、残留型も同じく減少しているのは明白だった。

　幸か、不幸か、数年間にわたって同じエリアで観察を続けてきたため、この間、気仙川で3月に釣れる降河回遊型サクラマスの個体数が年を追うごとに半減していくという、本当ならば

こちらも震災前の気仙川で釣れた春のヤマメ。当時は魚が減っていると語る釣り人は珍しくなく、川の変化を皆が肌で感じとっていたようだ

あまり見たくはなかったデータを記録する羽目になってしまった。同じ頃、あるメディアでは某釣具店の「我々は今、１本の川が終わるところを目撃しているのかもしれない」といった悲痛なコメントが掲載されていた。そして、２０１０年3月、ついに気仙川の下流域ではかつての名ポイントでことごとく降河型サクラマスが釣れなくなるという、非常事態に陥ってしまったのである。

岩手県などの三陸沿岸域の河川では古来、サクラマスが生息し、川と海とを行き来しながら、連綿と命のバトンを受け継いできたと考えられる。降河型のサクラマスはその特徴的な銀白色の外見から、当地では「ヒカリ」の名で人々に慣れ親しまれ、長年、春の風物詩となってきた。しかし、私たちの限られた範囲の調査ではヒカリは一度、気仙川からいなくなってしまったか、残っていたとしても以前に比べると激減してしまった可能性が高いと感じられた。

翌２０１１年3月11日午後、この付近一帯は東日本大震災により生じた大津波によって甚大な被害を受け、以降数年間、気仙川での調査は完全にストップしてしまうことになった。私は一度、この川のヒカリに別れを告げるしかなかったのだ——。（後編へ続く）

第14回 気仙川のヒカリの行方(後編)

2010年までに気仙川のヒカリの急激な減少が認められた後、調査は東日本大震災の影響もあって、数年間にわたって途切れてしまった。その間、この川の中ではいかなるドラマが起こっていたのだろうか。

「サクラマスの秋降海」がある広瀬川。独自の生存戦略でヤマメたちは環境に適応している。これはその広瀬川で秋口に釣れた中流域のヤマメ

2012 March、9年目

東日本大震災の翌年の2012年3月上旬、八戸市に入った。翌日から、奥入瀬川、久慈川、安家川、小本川、津軽石川、盛川、気仙沼大川と、太平洋沿岸を南下しながら主要河川の観察と周辺漁協へのヒアリングを行なうためだった。目的の1つは、津波で被災したサケ孵化場の被災状況や放流事業への影響を知ることだったが、もう1つの関心事として、志津川湾などの海面生け簀から脱走した、数万尾以上と言われる養殖ギンザケの拡散の実態と生態系への影響を把握することがあった。

予想どおり、生け簀から放たれた養殖ギンザケは三陸沿岸海域を北上し、小本川、安家川付近まで到達していたことが判明した。ギンザケは、太平洋サケの中で最もサクラマスに近縁な種であり、川に進入したギンザケが野生サクラマスと産卵行動を行なって交雑魚が生まれるおそれがあった。幸い、どの川でも交雑稚魚は確認されず、今日までこれによると思われるサクラマスの減少も起こらなかったのは、不幸中の幸いであった。

盛川漁協の佐藤組合長へのヒアリングを終えた夕刻、のちに奇跡の一本松と呼ばれることになる松の木がぽつんと佇む高田松原を通過すると、見覚えのある気仙川の左岸に出た。後ろ髪を引かれる思いで川を渡り、そのまま一路、気仙沼大川を目指して南下を続けた。

2013 March、10年目

徐々に東日本大震災からの復興の兆しが見え始めた2013年、私も震災前のように気仙沼の小中学校への出張授業を再開していた。とはいえ、しばらくは授業を終えるとすぐに仙台にとんぼ返りしていたのだが、ある日の授業後、知り合いのK先生が気仙川の支流で見慣れない模様の稚魚を釣ったことが話題にのぼった。写真を見せてもらうと、その魚はヤマメとイワナの交雑魚である通称カワサバのようだった。カワサバは成魚となってもほぼ不妊になるため、これらが世代交代を繰り返して集団内に拡がる心配はない。その一方で、久しぶりに聞く気仙川の名前に胸が高鳴った。

その年の禁漁期の間際、ひさしぶりに立ち寄った気仙川は以前と変わらぬ清澄な水を流していた。夕暮れ時に入った中流域のポイントでDコンを投げると、うっすらと婚姻色が浮かんだオスのヤマメがヒットし

岩手県安家川。この沿岸付近まで生け簀から放たれたギンザケが到達していたが、サクラマスとの交雑は免れたようだ

た。まだ、この川にはヤマメたちが息づいている。ならば、かつての銘仙気仙川の復活も夢ではないかもしれない。最後の調査から約3年、胸のつかえが1つとれた気がした。

2014 March and after、11年目以降

それからは、機会があればまた気仙川に立ち寄るようになった。２００４年に胸を躍らせながら最初のヤマメを釣った上流域では私のルアーにじゃれついてくれるヤマメも見られ、少しずつではあるが、かつての感覚もよみがえってきた。

そんなある年の秋、とある支流との合流点の下流の淵に入った時だった。右岸からサイドキャストしたミノーの軌跡を目線で追いかけていると、着水と同時に対岸付近の水面が盛り上がり、次の瞬間、サクラマスの巨体が斜めに飛び出し、大きな水しぶきとともに再び水中に戻っていくのが見えた。おもわずロッドをあおってしまったが、その魚は私のルアーに反応したわけではなく、ルアーはそのまま背後のヤブの中に飛んでいった。

一瞬、頭の中に「?」が浮かぶ。私の見立てでは、サクラマスとなる降河型の銀化魚（ヒカリ）は、この川から姿を消したのではなかったか。しかし、眼前に現われたメタリックカラーの巨体は、紛れもなく一度海に降って大きくなった、堂々たるサクラマスの成魚だった。だとすれば、この川では依然としてヤマメの一部がヒカリとなって、海に降りていることになる。つまり、実際には単に私が捉えられていなかっただけで、気仙川では今もある程度の個体群が川と海とを結ぶ回遊を続けている可能性が浮上したのである。

その次の年にも、同じように中流域でジャンプするサクラマスの姿を見た。それまで、意図的に情報を遮断していたのだが、各方面に聞いてみると、どうやらサクラマスの親魚は震災以降も一定の頻度で見られていたことが分かった。

2020 March、17年目

我々が最後に調査を行なった2010年以降も気仙川ではサクラマスの親魚が一定数遡上している。それは、素直に喜ばしいことであった。だが、果たしてこれで一件落着、としてもよいのだろうか。なぜならば、多少の見落としはあったかも知れないが、やはり当時、この川のヒカリが数年間にわたって減少傾向を示したことは、私たちを含む多くの人々が目撃しているからである。

だが、前述したように、実はこれも当時の検証が不充分だっただけ、という指摘も成り立つ。なによりも、現にこうしてサクラマスの姿が見られるのであれば、何も憂うことはない。あとはそのまま自然に委ねておけば、かつてのように川を降るヒカリの帯が遠くない将来、再び見られるようになるかも知れない。そんな楽観的な気持ちも湧いた。

しかし、かりに私が目撃したサクラマスが気仙川でヒカリとなって海に降りた魚ではなく、他の川で生まれた親魚が遡上しただけの、いわゆる迷入現象だとしたら、どうだろうか。この川の生態系は依然としてなんらかの異変の只中にあるにもかかわらず、それが見過ごされ、原因解明の糸口や将来への教訓が見いだされないまま放置されることになるかもしれない。つまり、ある程度のサクラマスが見られるからといってもなお楽観は許されず、再度の調査が必要、とも考えられた。ならば、最も確実なのはかつてのようにヒカリが春に川を降っているか否か、現場で確認すればよい、ということになる。

こうして、途切れていた気仙川のヒカリ調査が再始動することになった。その検証方法はいたってシンプルであり、あとはいつそれを実行に移すかを決めればいいだけだった。数年ぶりに解禁直後のヒカリをねらうため、私も準備にとりかかった。宍戸氏を介して気仙川漁協、隣接する盛川漁協にも調査の趣旨を伝えた。数年ぶりに袋から取り出したゼロザオ（ダイワ・マスターゼロ85）のグリップからはこびり付いたイクラの匂いが漂い、徐々にかつての感覚が呼び戻されてきた。ユスリカへのライズがあってもいいように、ミッジング用のフライタックルも準備した。

しかし、2020年、2021年と、2年にわたって立った春の下流域では、ヒカリからの魚信は一切得られず、釣行中、かつてはあれほど見かけた地元の釣翁に出会うこともなかった。調査は、再び暗礁に乗り上げてしまった。この結果に従えば、今もヒカリが海に降りている可能性は棄却され、客観的には他の川に由来するサクラマスが遡上している、「迷入説」のほうが支持されることとなってしまった。やはり、気仙川では海に回遊するサクラマスの系譜は断絶され、わずかに河川型のヤマメのみが残存する川になってしまったのだろうか。結局、私は17年間をかけて1本の川が変貌する過程を傍観しただけだったのか。かりにそうだとして、ここからなんらかの示唆や未来への教訓を得ることはできるのだろうか。仙台に戻ってからも、そんなことを考えていた。

広瀬川のサクラマスが示すもの

ここで、時間はやや遡る。震災後、銘仙気仙川という珠玉の研究フィールドを失った私は、以前にも増して地元広瀬川での調査に多くの時間を費やすようになっていた。ただ、いかんせん広瀬川ではヤマメの回遊生態を統計的に解析するための充分な個体数をサンプリングすることが難しかった。

そこで、不足しているデータを秋以降も得て、気仙川にも劣らない結果を出したいと考え、広瀬名取川漁協の協力の下、秋から冬にかけても特別採捕による調査を続行することにした。その結果については、すでに何回か紹介しているが、じつは広瀬川のヤマメは通常の1歳半の春ではなく、半年ほど早い満1歳の秋から冬に銀化変態を行なって海に降りていることが分かった。このような秋型の降海は、本来は西南日本に分布するサツキマスで多く見られるものであり、サクラマスではそれまでほとんど報告例がなかった。そこで、私たちはこの特異な現象を「サクラマスの秋降海」と呼ぶことにした。ただ、こうした回遊パターンは限りなく広瀬川に例外的なものであり、私自身、これが他の川に当てはまることは毛頭、考えていなかった。

失われたヒカリを求めて

２０２１年の初冬、私と宍戸氏は、岩手県から特別採捕の許可を得て気仙川下流域の馴染みのあるポイントに立っていた。そこは、震災以降も解禁期間内に幾度か立ち寄り、なんの結果も出せていなかった場所だった。手許のノートにはすでに5尾以上の、ほぼヒカリと言っても差し支えのない銀化変態前期（プレスモルト）の稚魚のデータが記録されている。目の前に立ち込んでいる宍戸氏のサオ先には、さらに別の魚からのアタリが伝わってきているのが、岸からでも分かった。

じつは、2020年、2021年の春のヒカリ調査が完膚なきまでに空振りに終わったことで、私の頭の中には消去法的に1つの可能性が思い浮かんでいた。あるいは、もうその可能性に賭けることしか考えられなかった。それは、気仙川のヒカリもまた、数年間の時間をかけながら従来の春降海から秋降海へとシフトしていった、という可能性である。それが今、目の前で現実になりつつあった。

気仙川だけを見ていた時は、数年間にわたって絶望的とも言えるヒカリの減少が起こり、それはあたかもじわじわと真綿で締め付けられるようにこの川のヒカリたちが絶滅のプロセスに追いやられているように感じられた。しかし、ここから150㎞南にあるホームリバーの広瀬川での現象を加味すると、じつは両河川では若干のラグはありながらも、ほぼ時同じくしてサクラマスの秋降海型へのシフトが進行していた可能性が浮上する。それが何を原因として始まったのかは、今はまだ明確ではない。

しかし、現段階で言えることは、仮に河川環境になんらかの異変が起こった場合でも、一部のサクラマスは甘んじてそれを受けるだけでなく、時には環境の変動に対応し、自己のライフサイクルを変化させることでしたたかに生き残りを図ることがあるのではないだろうか。一連の現象からは、サクラマスのレジリエンスの高さと、フレキシブルな生存戦略が垣間見えるような気がする。

一方で、もし、サクラマスの降海型にとって太平洋側の世界的には生息域の南限に近い広瀬・気仙川で時同じくして降海期の大シフトが起こっていたのだとしたら、それは今、日本のサクラマスにかつてない未曾有の環境の変化が差し迫りつつあることを暗示しているのかもしれない。私たちは、サクラマスの堅牢性、柔軟性に期待を寄せつつも、これ以上の環境の変動を起こさないためにはどのようにしたらよいか、あらためて考えなければならないターニングポイントに立たされているのかもしれない。

第15回
2022年広瀬川レポート

2022年、広瀬川では新たにいくつかの生態系配慮工事が行なわれ、天然アユの遡上も比較的好調と考えられた。地球規模で言えば、この川はサクラマス、アユ、ウナギが交差的に生息する希有な環境と考えられ、環境収容力はさらに向上することが期待される。ここでは少し早いが、そんな広瀬川の今シーズンを簡単に振り返ってみたい。

2022年広瀬川本流で著者が釣りあげた尺ヤマメ。戻りタイプと思われる銀毛の個体だった

広瀬川での新たな環境整備の試み

早いもので、今年のシーズンも残り数週間を切ってしまった。思い起こせば、仙台に来て最初の数年間は解禁直後から夜討ち朝駆けで気仙川のヒカリを見に行き、3月下旬からは追波のサクラマスを追い、6月からは秋田（雄物川）や山形（鮭川）に遠征するのが、ある種のルーティーンだった。それに対してここ1、2年は、解禁後にまず広瀬・名取川の支流に年越しヤマメの姿を確認しに行き、5月頃からは広瀬川の上～下流域にサクラマスや本流ヤマメを捜しに行くのが、基本パターンになりつつある。振り返ると、最初の数年間はとにかく川と海を行き来するサクラマスの姿と生態をこの目に焼き付けたいとの思いが先行していたのに対して、近年ではホームリバーである広瀬・名取川水系の環境の推移を見定めたいとの思いが増してきたのかもしれない。

またここ数年は―トラウトに対する熱量は微塵も下がっていないが― 新たな研究対象としてアユとウナギが加わりつつあり、同じ通し回遊魚でありながらまったく異なる横顔を見せるこれらの魚がサクラマスとどのような関わりを持つのかが分かれば、さらにトラウトの理解も進むと思っている。そのためのフィールドとして、再び広瀬川水系にフォーカスが移ってきているのかも知れない。

一方、最近では東日本大震災の復興活動の一環として、仙台市沿岸の田んぼで農家の方々と米作りやメダカの保全にも取り組んでおり、田植えや草取りなどの作業にも出かけている。当たり前だが、稲も生物であり、毎年同じ手入れをしているつもりでも雑草の生え具合や米の収穫量が年によって変動するのは、素人から見ても新鮮な発見となっている。ある農業誌をパラパラめくっていると、同世代の農家の方の記述があり、その中で「私には時間がない、米作りに挑戦できるのはせいぜいあと30回」とのコメントが、胸に刺さった。我々は、あと何世代のトラウトに関わることができるだろうか。

以前の本誌でも紹介したが、数年前に仙台市河川課や土木研究所の林田氏らと連携して広瀬川支流の竜の口渓谷に切り欠き魚道のプロトモデルを作っており、引き続きその生態的影響をモニターしている。また今年は同じく、市内の七北田川水系の梅田川にも市の主導によって低コスト、かつ高機能の切り欠き魚道が新営された。こうして本魚道が本格的に運用されはじめたことには、隔世の感がする。

さらに、2022年は広瀬川本川の環境整備にとっても一里塚となった。こちらは、県の主導で2つの重要な河川整備が実施された。1つは、中流域のとあるエリアの防災対策工事である。本工事のメインの目的は、砂礫の堆積によって上昇した河床を掘削によって下げ、増水による洪水を未然に防ぐことであるが、その際、防災効果を確実に担保したうえでトラウトへの生態的配慮も推進するため、一部の礫が河床に戻される工法が実践された。この区間はかつて、ヤマメの好漁場として知られていたが、ここ数年の幾度かの台風で左岸側が洗掘されてからはほとんどヤマメが釣れなくなってしまった場所であり、今回の工事による生態系の復元が期待される。

また、この工事のさらなる成果は、現場で生じ、防災上は撤去の必要があった礫を数キロメートル下流にある堰堤の右岸下流に積みあげ、簡易型ではあるがアユやサクラマスのための斜路式魚道を新設したことである。もちろん、堰堤の下流側の一角に礫を積むだけなので、防災機能への影響はほぼ生じないことは、申し添えておく。これらの生態系配慮の工事が今後、先進的な事業としていかなる波及効果をもたらすのか、ますます目が離せなくなってきている。

広瀬川水系で今年（2022）も見られたヤマメ

広瀬川水系では各所で新たな河川整備の試みが始まっている。河川内の魚たちの生態にどのような影響があるのか、今後の推移に注目したい

広瀬川本流の居着きタイプのヤマメ。海に降るサクラマス、河川内で中～下流域への降河と遡上を行なう戻りタイプ、そしてこうした居着きヤマメが入り混じる広瀬川本流は釣り人にとって魅力的なフィールドだ

サクラマスとアユ、ウナギの関係

5月に入り、広瀬川では例年どおり、県と広瀬名取川漁協が協働して天然アユの遡上状況調査が実施された。その途中経過を関係者に聞いたところ、今年のアユの遡上状況は比較的好調になりそう、とのことだった。実際、夕方に犬の散歩がてら河川敷を歩いていると、毎回のように堰堤のスロープに向かってジャンプする稚アユの姿が目に映った。

この光景を見て脳裏によぎったのは、アユの遡上が好調ならば、今年のサクラマスや本流ヤマメの遡上はどうなるだろうか、という疑問だった。これまでは、サクラマスとアユ、ウナギの関係性を包括的に捉えようとする視点を持っていなかったので、これは、今後の新たなテーマとして興味深いと思っている。

この疑問を少しずつ検証するため、川止め（注：広瀬名取川では6月21日からアユの解禁日までは川止めとなる）間近の6月中旬に中流域を探釣したところ、午後の小一時間ほどの釣行だったにもかかわらず、尺クラスの本流ヤマメが2尾、立て続けに飛び出してきた。またその数日後には少し下流域で、今度は明らかに40㎝絡みの、海で育ったと思われるサクラマスがヘビーウェイトミノーをひったくった。残念ながら、この魚はネットを差し出す直前にばらしてしまったが、個人的にはやはり今年はアユとともにサクラマスや本流ヤマメの遡上も好調のように感じられた。

では、サクラマスとアユ、ウナギの間には、やはり何らかの関係性が生じ得るのだろうか。この可能性について考察する端緒として、簡単に3魚種の基礎生態（ライフサイクル）を概観してみたい。

前述のとおり、広瀬川を含む日本の一部の河川（おもに本州東日本の日本海・太平洋側）にはサクラマス、アユ、ウナギといった、複数の通し回遊魚が同所的に遡上しているが、後述するように、それは地球規模のスケールではかなり珍しい現象と言える。

では、こうした現象は一体、どのような背景によって生じるのだろうか。まず言えることは、じつはこれら3魚種は同じ川に分布することがあっても、それぞれの出自（ルーツ）はまったくといってよいほど異なる、ということである。ご存知のとおり、サクラマスは北半球の高緯度域で誕生した冷水性の通し回遊魚であるが、アユは、やや温暖な中緯度域を中心として進化してきた通し回遊魚である。また、ウナギはさらに南方の赤道付近にルーツを持つ、海洋起源の通し回遊魚と考えられている。

また、これらの3魚種では川と海を結んで回遊を行なう際のベクトルの向きがそれぞれ異なることも、判っている。我々の好敵手であるサケ科魚類の場合は、川で生まれた稚魚が海に降り、その後、また自分が産まれた川に遡上して産卵することは、よく知られているところであろう。このようなパターンの回遊を、一般に遡河回遊（anadromous migration）と呼ぶ。一方、ウナギの回遊方向はその真逆であり、海で生まれた稚魚が川に遡上し、数年間かけて成長した後、今度は海に降りて産卵する。これを、降河回遊（catadromous migration）と呼ぶ。さらに、アユの場合はやや複雑であるが、川の下流域で生まれた稚魚が一度海に降り、その後、春に川に遡上すると今度は産卵場をとおり越してさらに上流方向に遡上し、秋になると今度は落ちアユとなってまた産卵場まで降りてくる。このような、産卵場を起点として両方向に展開される回遊を、両側回遊（amphidromous migration）と呼ぶ。

以上のように、サクラマス、アユ、ウナギは、本来であれば北半球の高緯度、中緯度、低緯度域に分かれて暮らし、それぞれの生息環境に特化する形で遡河、両側、降河回遊を行なう間柄だと考えられる。つまり、基本的にはこれらの魚がそろって同じ川に暮らすこと自体がかなりレアなケースであり、本来であればこれらの魚類間の関係性は希薄だったと見なすことができる。実際、北半球全体を俯瞰すると、サクラマスの分布域の中心に当たるロシアから北海道にかけての水域にはアユやウナギはほとんど分布しておらず、かたやウナギのメインの生息地である低緯度域にはサクラマスやアユはほとんど分布していないと考えられる。

ではなぜ、日本の一部地域の川ではサクラマス、アユ、ウナギが同所的に分布しているかというと、この地域ではちょうど、サクラマスの分布域の南限とウナギの分布域の北限、アユの分布域が絶妙に交差（クロス）しているからだと考えられる。換言すれば、サクラマス、アユ、ウナギがセットで生息している川というのは、それだけ魚類の器としてキャパシティーが広く、世界的にも稀少、かつ多様な生態系を備えていると考えることができる。

その点を考慮すれば、広瀬川の潜在的なポテンシャルは充分に高く、今後の手入れしだいでは過去の工事で失われた河川環境を取り戻すことで、さらに環境収容力を復元することも期待できそうである。またあわせて、こうした川では進化の過程でサクラマス、アユ、ウナギが何らかの関係性を構築し、互いの資源に影響を及ぼしあっている可能性もあり、広瀬川をモデルとしたさらなる研究の展開も期待できそうである。

第16回
オレゴン・トラウト ルアーフィッシング異聞

北米のキングサーモンやスチールヘッドを追い求め、オレゴン特有の苔むした木立の下で、日本から持ち込んだあらゆるルアーを試していたあの頃、しばしば日本とは全く異なるローカルテクニック（トラウトルアーフィッシングカルチャー）に遭遇した。その中のいくつかを、この場を借りて紹介してみたい。

オレゴン州のウィラメット川水系で釣りあげたスチールヘッドトラウト

オレゴン州のローカルテクニック

ルアー・フライフィッシングなどの擬餌針釣りのうち、いわゆるトラウト（サーモン）ルアーフィッシングがどこでどのように開発され、いかなる経路で世界各地に伝搬していったかについては、残念ながら勉強不足でよく理解していない。しかし、おそらくその基盤となる技術は欧米の数ヵ国（アメリカ、イギリス、フランス、北欧あたり）で開発され、その後、取捨選択（淘汰）や他の釣り文化との融合、さらにはさまざまなフィールドからのフィードバックを繰り返しながら現在の世界各地のトラウトルアーフィッシングカルチャーが徐々に確立されてきたのではないかと思っている。

一方で、日本を含む世界各地に分散していったトラウトルアーフィッシングカルチャーはその後も常に一定の頻度で変化を繰り返し、今もあらゆる方向へと進化を続けている過程にあると思っている。事実、そのためだと思われるが、欧米の各地に行くとしばしば日本では見られないような独特のローカルテクニックに出会い、それらが新鮮な驚きや、有益なヒントをもたらしてくれることも少なくなかった。そこで今回は、私が北米で出会ったローカルテクニックのいくつかを、皆さんに紹介したいと思っている。

では早速、私がオレゴン州に滞在していた頃の体験について、紹介してゆきたい。その頃、私が足繁く釣行していたのが、州の内陸部を流れるウィラメット川水系だった。この名称に馴染みのない方には、この水系の1つにマッケンジー川があるとお伝えしたほうが、通りがいいかもしれない。

　この界隈の支川はいずれもカスケード山脈の西斜面に源流を持っており、かなり急峻で、それでいて「マッケンジーボート」の代名詞でも知られるように、大型のドリフトボートでも釣り下れるだけの豊富な水量をたたえる川が多いのが、大きな特徴となっている。そのため、この水系で初めて釣りをした時には日本から持参したサクラマス用のスプーンやヘビーシンキングミノーが為す術もなく表層を上滑りしてしまい、分厚い白波の下層に定位しているはずのキングサーモンやスチールヘッドを攻略することは、私の技術ではほぼ不可能と感じられた。

　では、地元（ウィラメット）では一体、どのような攻略法（ローカルテクニック）が進化してきたのだろうか。一言で言えば、そこではいかにして分厚い流れの下層に潜むターゲットにルアーを送り届けることができるかが、ストレートに追求されてきたと感じられた。

　今の日本であれば、それを実現するためには現在の潮流となっているシンキングミノーを起点に、さらに深く潜らせるためのウルトラヘビーシンキングミノーやジグ系ミノーを進化させる方向へと向かうのかもしれない。しかし、当地における解は、乱暴に言えばとにかく既存のルアーに重りを付けて、手っ取り早く沈めてしまうことが選択されてきたようだった。

　今、手もとにはBill Herzogという地元アングラーが書いたColor guide to Steelhead drift fishing（Frank amato出版）という本がある。その中の第3章を開いてみると、この釣り方の基本はラインの先端に3つ股のスイベルを取り付け、その一方に1／4～1／2ozのウェイトを装着し、残りの一方にはリーダーを介してなんらかのルアーを結ぶこと、と記されている。先端に取り付けられるルアーは、やや幅広のスプーン(Thin bladed spoon)や、フラットフィッシュのようなプラグ類が多く、日本で主流となっているリップ付きのミノーの姿はここにはでていなかった。一般にはこの仕掛けをスピニングロッド（Berkley や US. Daiwa）で岸からキャストする、とある。こうして射出される仕掛けは、ウェイトとルアーをあわせて、Rig（リグ）と称されている。

基本的には、このリグをクロス、またはアップクロスでウィラメット水系の流心に向かってどぼんとキャストし、あとは一気にオモリの力で沈降させながら、目的のレンジまで大胆にルアーを送り込んでゆく。この時、ルアーの流し方（軌跡）に応じてテクニックの名称が使い分けられているのも、このローカルテクニックがかの地で一定の歴史を刻んできたことの証となっている。

たとえば、クロスにキャストしたリグをロッドティップを固定したまま流していくのが、Standard swing（ナチュラルドリフトからのターン）である。一方、徐々にロッドティップも下流に向けていき、ナチュラルドリフトの距離を稼ぐテクニックは、Extend drift と呼ばれる。

ドリフトボートとオモリ付きルアーでの進化系・ラン攻略

ところで、マッケンジー川などでは岸からのリグのキャストで水深はある程度稼げても、基本的には分厚く長大な白波混じりのランを部分的（小刻み）に探ることしかできない（ただし、繰り返し探ることはできるが）。そこでウィラメットでさらに進化したローカルテクニックが、

オレゴンのローカルアングラーが著書内で「Terminal outfit」として紹介していた、先端にルアーが付かないタイプのリグの一部。毛糸の束から回転するプラスティックまでさまざまある

ウィラメット川水系の攻略には、三叉スイベルを介して一方にはオモリを、そしてもう一方にはハリス付きのプラグを取り付けるリグが使われている。その際はフラットフィッシュなどのリップを持たないプラグが一般的のようだ

北海道の下りアメマスはエッグフライのターゲット。ローカルのルアーアングラーの間では、ハリのたもとに船釣り仕掛け用ビーズを付けただけの「ビーズリグ」が一部で人気だ。これはそのビーズリグに近いボリュームの4㎝スローシンキングミノーを、ふわふわ漂わせてヒットさせたアメマス。釣りのバリエーションに関する知見はたしかに釣りを進化させる

ドリフトボート（通称マッケンジーボート）からの釣りである。

この水系でボートを使うことにはいくつかのアドバンテージがあるが、その1つに、同じポイントでもより沖側からキャストできることが挙げられる。このようなボートポジションから流心にリグをキャストし、その後、流心の半分程度の速さで一緒にボートを下らせていくことで、先ほどのStandard swingとほぼ同じ軌跡をやや長めに描くことができる。Bill氏はこのテクニックをSide-driftingと呼ぶ。また、キャスト後に流心と同じ速さでボートを下らせていくと、理論上はランをより長い距離、ナチュラルドリフトでサーチすることができる。この流し方は、Boon-doggingである。

一方、リグ（オモリ付きルアー）のさらに面白い点は、ルアーを水中の一点でステイさせることが比較的得意なことであろう。この技（Plunking）を繰り出すことで、下流から遡ってくるキングやスチールヘッドを遡上経路上で待ち伏せることや、特定のポジションに定位している魚を焦らせてバイトさせることもできる、と記されている。また、より流れが速い瀬の中でPlunkingのウェイトを一度着底させ、次にロッドをあおって川底から剥がし、同時にラインスラックを作ることで先端のルアーを跳ねさせながら川を下らせてゆく、Back bouncingという大技も紹介されている。

このように、大規模な瀬の中を余すことなく探る手段として独自の進化を遂げてきた一連のテクニックは、日本に導入されてきても不思議ではないものだと感じた。こうして導入されるテクニックが日本のトラウトルアーカルチャーに馴染むかどうかは別の問題として、仮に近い将来、日本の河原で「今日はPlunkingで2尾釣った」などといった会話が聞かれるようになれば、それはそれでフィッシングカルチャーの新たな展開となろう。

多種多様なリグのバリエーション

さて、このリグ（オモリ付きルアー）であるが、じつは、この釣り方にはドリフトの種類だけでなく、先端にとり付けるもろもろのハリ（Bill 氏はこれらのハリのことを Terminal outfit と総称する）にも多種多様なバリエーションが存在している。すなわち、一連のリグにおいて先端にルアーが付くケースは、じつは全体のバリエーションのごく一部にすぎない、ということになる。

今回はすべてを紹介することができないが、Terminal outfit にはルアーの他、Yarn（毛糸の束）、Corkie（ボール状のプラスティック）、Okie（筋子に似た形状のプラスティック）、Spin-N-Glo（小さな羽が２つ付いていて回転するプラスティック）、Plastic worm（いわゆるワーム類）があり、さらには Bait（魚卵、甲殻類を液体で着色〝Soak〟したもの）もその範疇に含まれている。

これらの中にあって、当地でルアーに次いで（川によってはルアー以上に）多用され、私自身、目の前で何度もキングサーモンがヒットするところを目の当たりにした Yarn（ヤーン）は、じつは日本の管理釣り場のフライとしてもポピュラーな、エッグフライと同じ材料（エッグヤーン）で作られていることが分かった（ただ、エッグフライとは異なり、当地のヤーンはフックのアイのたもとに蝶ネクタイ状にくくり付けられるのが基本的スタイルのようだったが）。こうしてTerminal outfitとしてヤーンが取り付けられたシステムは、私の目にはルアーのタックルでフライを投げる構図として映った。つまり、北米のウィラメット水系などでは、ローカルテクニックの1つとしてかつて、ルアーフィッシングとフライフィッシングの融合とも言える独自の進化が起こったものと推察される。

そういえば、かつて日本でもスプーンの先にフライを付けて投げるトレーラー釣法が紹介されたり、数世代前のルアーの教科書にはしばしばフェザージグが取り上げられたりしており、我が国においてもある時期、ルアーフィッシングとフライフィッシングの融合が試みられていた可能性が考えられる。

しかし現在、上記のテクニックは川の釣りではほとんど見かけられないことからも、基本的にこの種のテクニックはまだ日本のルアーフィッシングカルチャーには馴染んでおらず、淘汰の憂き目に遭っている（と思っている）。もしかすると、北米では歴史的にフライフィッシングとルアーフィッシングの融合を受け入れるだけの土壌・風土が醸成されてきたのに対して、日本の場合はまだ両者の融合を許容するだけの歴史が浅く、既存の（ルアー、フライの）潮流を極端に変化させることを本能的に避けてしまう傾向があるからなのかもしれない。

第17回

川の流域の区分法

自身の会心の1尾を釣りあげた時、その魚は大きさや見た目の美しさだけでなく、川のどの流域（源流、本流）で釣れたかといったシチュエーションもあわせて記憶に刻まれるのではないだろうか。では、我々はこれまで、流域をどのような基準で区分してきただろうか。今回は、川の流れを分ける物差しについてあれこれ論じてみたい。

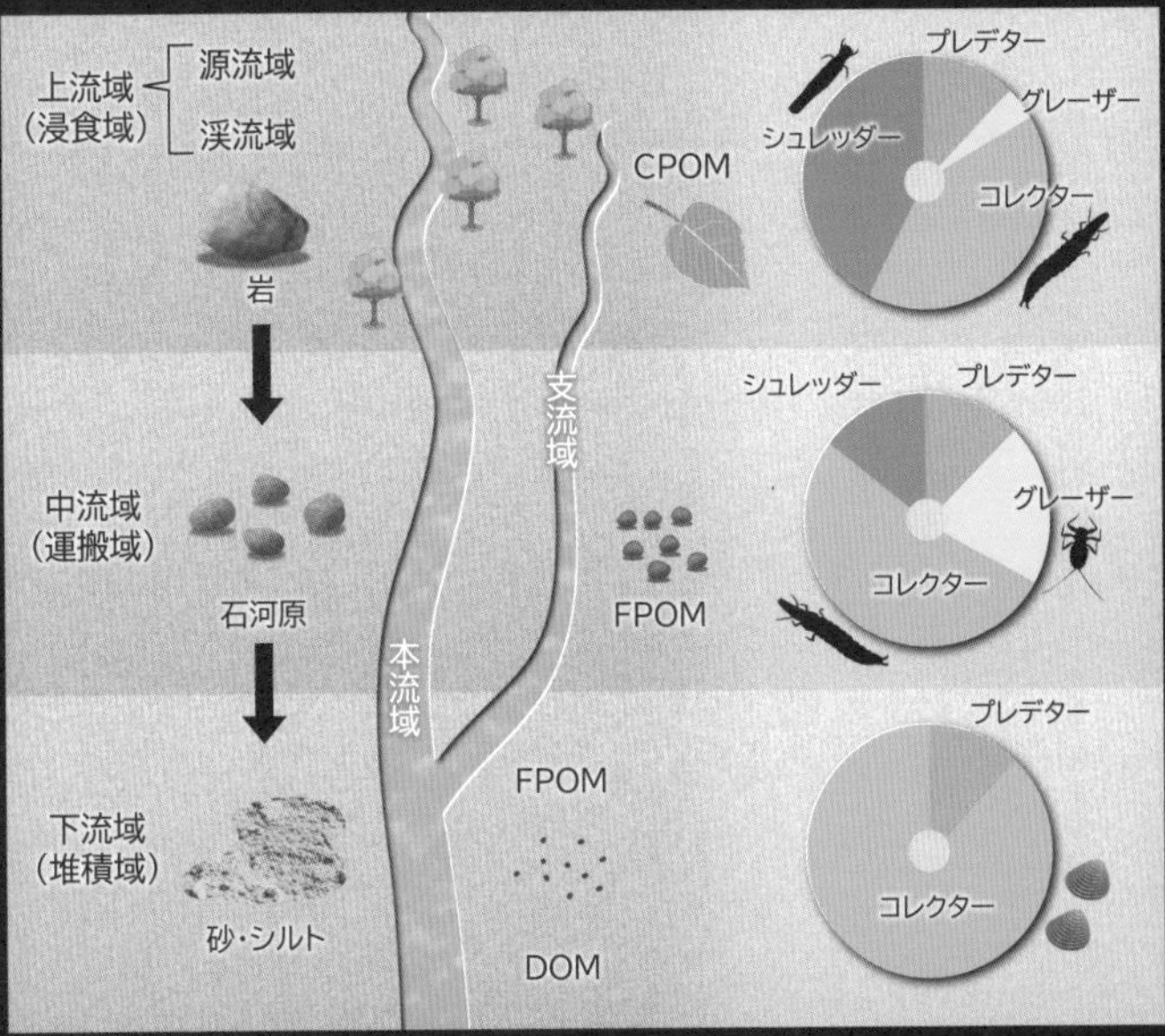

●川の流域の区分法（J.D. Allan 1995 などを参考に作図）

無機的な区分

たとえば同じ尺オーバーのイワナであっても、その魚が源頭に近い小支流で釣れたものか、あるいは川幅30mに達する本流域で釣れた魚だったかでは1尾の価値や成果の意味あいが微妙に変わってくるのが、アングラーとしての我々の共通感覚ではないだろうか。

では、そうした魚の記録のためにも重要となる川の流域の区分や流域の呼び名はこれまで、どのような尺度（物差し）によって定義されてきただろうか。たとえば、一般に日本の川は本流域と支流域に、本流域は上・中・下流域に、さらに本・支流域の上流は源流域や渓流域などに分けられてきた。こうした区分はこれまでにも感覚的、経験的には実践されてきたが、今回は今一度それらがどのような物差しで区分されてきたかについて、簡単に眺めてみたい。

ではまず、本流域の上・中・下流がどのような物差しによって区分されてきたか、概観してみたい。たとえばその1つとしては、地理（地図）的な区分法が挙げられる。すなわち、山の源頭に最も近いエリアが上流域、反対に海に近いエリアが下流域、その間が中流域といったように、1本の川を山と海との相対的な位置関係で3分割する方法と言える。確かに、この区分法は古くから多くの人々に慣れ親しまれ、かつ日本のほとんどの川にうまくあてはまることが経験的にも知られてきた。しかし、この分け方では上・中・下流域の区分の実態が曖昧であるのと、これとは別の見方（物差し）を用いた場合には必ずしも的確な区分法と見なされないことなどが、課題として残る。たとえばその典型が三陸沿岸の一部の河川群であり、これらを次述する物差しで区分すると、上・中流域のみからなり、下流域は持たない川、と判断されてし

手にしたイワナが河川の「どこで釣れたのか」は大事な記録。しかし、釣果を振り返ってみると同じ「渓流」、「本流」でも、その環境がだいぶ違うことに気づかされる。感覚に基づいた独自の区分法が釣り人それぞれにあるとも考えられる

まう。つまり、本流域は常に3つに区分されるとは限らず、単純に海に近ければ下流域、とも言えないことになる。これは一体、どういうことだろうか。

そこで次に、もう一方の物差しについても見てみたい。こちらは、端的に言えば川の中での石や砂の生まれ方、運ばれ方に基づいた、より実態に即した区分法と言える。思い起こしていただきたいが、いわゆる上流域にあたる山岳渓流には自動車なみの岩がごろごろ転がっており、周囲にはこうした大岩から割れ落ちた岩や石が折り重なって大小の落差が形成されている。ま

た、これらの岩や石の中には大雨の出水ごとに下流域へと押し流されていくものもある。つまり、このエリアは水などの浸食作用によって生み出された岩や石が下流へと流れ出していく、石の誕生のエリア（浸食域）、と定義される。

一方、それに連なる流域は、上流から流れ落ちてきた岩や石をさらに下流へと流していく運搬のエリア（運搬域）と定義される。浸食域と運搬域の見た目の違いは、運搬域では上流から流れてきた岩や石が丸く削られながら供給と流下を繰り返すことで、恒常的に石河原が形成される点である。また運搬域ではこうして石が流される間に割れたり、角が削られたりすることで段階的にサイズが小さくなり、最終的には砂粒やシルトにまで分解されてゆくことになる。

一方、ほとんどの川は基本的に下流に行くにしたがって勾配が緩み、流れも穏やかになってゆく。そのため運搬域で岩や石から削り出された砂礫やシルトはしだいに河床に沈殿し、「堆積域」を形成するようになる。多くの川ではこうした光景が以降、河口域まで続いてゆく。つまり、この物差しに従えば、本流域は浸食・運搬・堆積域の3つのエリアに明確に区分されることとなり、慣習的にはそれらが前述した上・中・下流域の名称に言い換えられてきたものと考えらえる。

では、前述した三陸沿岸の川はどういうところかというと、簡単に言えば、浸食・運搬（上・中流）域はあるが、堆積（下流）域がない、あるいはあったとしても短い川、ということになる。背景には、三陸沿岸の多くが「リアス海岸」であることが関係している。リアス海岸は、地図で見ると海岸線がノコギリの歯のようにギザギザに入り組んで見える特徴的な地形であるが、それはこのあたりの陸地が長い年月をかけて海中へと地盤沈下し、もともとは山や谷だったあたりまでが海面下に沈んだことで形成されたことが分かっている。つまり、リアス海岸の川では海面よりも上に姿を見せているのは基本的に浸食（上流）域と運搬（中流）域の2つの流域のみ、ということになる。

このように、日本の本流域は山と海との相対的な位置関係や石や砂の生まれ方、運ばれ方といった無機的な指標によって上・中・下流域の3つ、あるいは上・中流域の2つに区分することが可能であり、地図や、川の中の岩や砂礫のようすを見ることである程度明瞭に流域を区分できることになる。一方で、次述するように、これらとはまた趣を異にする、生物学的な区分法も知られている。次に、これらについてもさらに見てみたい。

生物学的な区分

さて、ここからはあらためて、川の成り立ち（区分）を生物学的な観点から捉えてみたい。まず、前提として、トラウトたちが川で生きてゆくためには水とエサが安定的に存在することが必要不可欠である。多くの場合、前者は雨や雪などの降水が山肌や地下などの経路をとおって時間差で川に染み出すことで安定するが、一方でこうした源水の中にはトラウトが直接的にエサとして利用できる成分はほとんど含まれていない。では、彼らの主要なエサはどのようにして川にもたらされるかというと、日本の場合、その多くは川の周囲の森林（河畔林）から供給される落葉に起源していると考えられている。つまり、イワナやヤマメ、アマゴなどはある意味、落葉に依存にして生きる生物、とも言える。ただし、当然ながら彼らは木の葉を直接食べたり、消化したりすることはできない。実際に両者の間を仲立ちしているのが、摂食機能が異なる何種類かの水生昆虫のグループである。

一般に、川には分類や形態、食性（摂食機能）が異なる多様な水生昆虫類のグループが生息しているが、それらの中の数種類が、水中の落葉（リター）をエサとして食べ、消化する能力を持っている。こうした水生昆虫類を、機能分類的には葉をかみ砕いて食べる破砕食者（シュレッダー）、と呼ぶ。ツツトビケラなどが、これに該当する。こうしてシュレッダーが落葉を摂食してくれるため、さらにトラウトがこれらの水生昆虫類を捕食することで間接的に落葉の栄養分を体内に取り込むことができるのである。この種の現象が、おもに川の上流域で展開されている。

また、こうしてシュレッダーが落葉を破砕しながら摂食することで、最初は大きな塊（Coarse particulate organic matter : CPOM）だった落葉は、徐々にバラバラに分解される。またこれらにシュレッダーの消化産物（糞）なども加わりながら、微粒子成分（Fine particulate organic matter : FPOM）となって下流へと流れていく。その結果、下流側ではこうした微粒子状のエサを専門的に捕食する、機能分類的には収集食者（コレクター）と呼ばれる水生昆虫類が卓越して分布するようになる。たとえばコレクターの代表としては、ヒゲナガカワトビケラなどが知られている。彼らは砂礫の間に口から吐き出した糸で蜘蛛の巣状のネットを張り、流下してくるFPOMを絡めとって摂食する。そして、これらの水生昆虫類もまた、トラウトたちにさまざまな場面でエサとして利用される。

一方、川を降り、中流域に入ってくるとそれまでの樹々に覆われた上流域に比べて頭上が開

リアス海岸に注ぐ岩手県小本川のサクラマス。彼らにとっては下流も中流も関係ないかもしれないが、どこで釣れたかはアングラーにとっては一大事

北東北太平洋沿岸の小河川。小渓流のように見えるが河口から 200 mも離れていない。一般的な「下流域」のイメージからは想像できないかもしれないが、河口からすぐイワナが釣れる河川は決して珍しくない

小本川本流の中～下流域で釣れたエゾイワナ。海までほど近い区間でこういう個体が釣れることもある

け、日の光が水中までよく届くようになる。また中流域では上流域からの源水に含まれる微量元素に加えて落葉の分解産物などに由来する肥料成分が供給されることで光合成の条件が整い、種々の藻類が水中の岩や石の表面で成育するようになる（注：上流域に比べて石の表面がぬるぬる滑りやすいのはそのためでもある）。結果、この流域では繁茂する藻類を刈り取って採食する、刈取食者（グレーザー）と呼ばれる水生昆虫類が数多く生息するようになる。たとえばその代表としては、石の表面に張り付くようにして暮らす、ヒラタカゲロウなどが知られている。

こうして、川の中では落葉（CPOM）に由来する有機物が異なる摂食機能を持つ水生昆虫類によって次々に利用されるため、それらが下流域に到達する頃にはFPOMとしては最小のサイズにまで分解されていることが多い（注：こうしたFPOMがさらに分解されるとより細かいDOM :Dissolved organic matterとなるが、ほとんどの水生昆虫類はもはやこれらの極小サイズのエサを収集して捕食することはできないとされる）。そのため、下流域ではユスリカなどの超小型のコレクターや、細かなFPOMを水と一緒に吸い込んで効率的に採食するシジミなどの二枚貝類が卓越して生息するようになる。なお、ここでも1つ重要な補足をしておく必要があるが、こうして落葉に連なる種々の水生昆虫類が分布することで、各流域には彼らを捕食することで生きる、機能分類的には捕食者（プレデター）に位置付けられる肉食性水生昆虫も常に一定数が生息する。

以上のように、川ではおもに上流域にシュレッダーやコレクター、中流にはおもにコレクターやグレーザー、また各流域に一定数のプレデター、といったように、流域ごとに特徴的な摂食機能を持つ水生昆虫が一定の割合で分布する。つまり、こうした水生昆虫類は前述した無機的な指標と同様、川の流域を区分する生物学的な指標にもなり得る。したがって、本稿で述べた種々の区分法や指標を組み合わせることで、より客観的に、かつより明瞭に自分が釣りをしている流域を推測することができると考えられる。こうした足もとの観察も、釣りの幅や奥行きを広げてくれる、楽しみの1つと言えそうである。

なお、本稿では本流域の上・中・下流域の分け方を中心に取り上げ、源流域と渓流域の区分については充分に論じることができなかったが、今回紹介した区分法を踏まえる限り、源流域と渓流域はどちらも上流（浸食）域、かつ水生昆虫の機能的分類で言えばシュレッダーやコレクターが卓越して分布する流域に該当しており、その点においてこれらは、同じ流域の中の連続する区間の範疇と見なされる。つまり（厳密にいえば両者は川の蛇行回数や瀬淵構造などの河川形態によって線引きできる可能性もあるが）、基本的には現時点で源流域と渓流域を明確に分ける科学的な区分法は確立されていないと推察される。

だとすると、逆に言えば古来、我が国で用いられてきた源流域と渓流域の呼び名やそれらの区分法は川に携わる者の経験則や感覚（センス）といった、いわば現代の科学的見地を超越した不文律によって継承されてきたことになり、それはそれで大変に興味深い。

第18回 レジームシフトと人為的影響

今シーズン（2023）は解禁以降、気仙川、広瀬川、神奈川県中津川と、回数こそ少ないが有意義な釣行を重ねている。気仙川では20年にわたって減少傾向を示していたサクラマスが資源回復の兆しを示した可能性も感じられた。今回はそれらを糸口としながら資源変動に対するレジームシフトや人為的要因の影響について、考察してみたい。

今年4月、気仙川で釣れたウグイ。2004年からサクラマスと同じく数を減らしていたが彼らも復活の兆しを見せている

ウグイたちの復活が示唆する可能性

解禁を迎え、まずは3月、4月と岩手県気仙川にサクラマスの稚魚の調査に出かけた。以前の本連載でもレポートしたように、この川では２００４年以降にサクラマスの降海型（ヒカリ）の減少傾向が見られ、約20年が経過した２０２２年に至るまで資源減少が続いてきたと考えられた。仮に今般の資源減少が何らかの人為的な要因（河川改修や水質の悪化など）によって引き起こされたのだとしたら、我々はまだ、こうした環境問題がどのような結末を迎えるかを予見するだけの充分な知識を持ち合わせていないと考えられる。この川が描く今後のシナリオを見定めてゆくことは、他の川のサクラマスの資源保全にも資すると思っている。

今回も陸前高田を経由して、まずは下流域に立ち寄った。かつて両岸から長尺のノベザオをかざす釣翁たちでにぎわった金成橋周辺は、今春も閑散としていた。中流域に入ってようやく地元のルアーアングラーと出会うことができ、少し立ち話に付き合っていただいた。依然としてこの辺りの調子はよくない、とのことであった。さらに上流の上有住《かみありす》方面へと向かった。一昨年の秋はこの付近で動画撮影を試みるも、やはりサクラマス（ヤマメ）の稚魚らしき魚影をとらえることはできなかった。しかし、その時とは異なり、今シーズンはわずかではあるが期待感があった。じつは、昨年の秋に再びこの流域で調査を行なったところ、かつてほどではないものの、ヤマメの稚魚らしき相当数の魚影が確認できていたからである。さっそく、歩き慣れたいつもの橋の下流から川に入ると、反応はすぐに現われた。期待どおり、各ポイントからは1年前に産まれたと思われるヤマメが立て続けに姿を現わした。また、うれしいことに3月の調査では稚魚の一部が銀白色に輝く体色を示しており、この川本来の春降海型のサクラマス（ヒカリ）もわずかではあるが復活している可能性が示されたのである。

ではなぜ、今このタイミングでサクラマスはにわかに資源回復の兆候を見せたのだろうか。これに関して1つ気になっているのは、翌月（4月）に訪れた中流域のめぼしいポイントにおいて、サクラマスと同じく2004年頃から減少していたウグイたちが、大挙して見られたことである。このことから類推されるのは、今回のサクラマスの資源減少をもたらした要因が、同時にウグイに対してもネガティブな影響を及ぼしていた、という可能性である。2004年当時、サクラマスの稚魚は上流寄りに生息しており、一方のウグイは中・下流域を中心としながら全流域に広く分布していた。だとすると、今回のインパクトは上流から下流に至る全流域に対して広域的に影響を及ぼしてきた可能性が浮上する。

ことここに至るまで、私はこの20年間、気仙川のサクラマスの資源減少を引き起こしたインパクトの正体は、水質変化や河川工事といった何らかのスポット的な人為的ファクターである可能性を想像していた。しかし、今回の資源減少がこれだけ長期間にわたって、かつ広域の魚類に影響を及ぼし続けたのであるから、もう1つの可能性として、一連の資源減少に何らかのレジームシフト（regime shift）が影響を及ぼしていた可能性も考えられる。

レジームシフトとは、大なり小なり、その水系の水温や気候、生態系といった環境がそれまでとは異なるパターンに移行（シフト）してしまう現象を指す。たとえば、短期的なものとしてはエルニーニョやラニーニャ現象が、また長期的なものとしては昨今の温暖化傾向のような気候変動が当てはまる。当然ながら、レジームシフトでは河川や海域の水温だけでなく、海流や餌生物、競合種などの多種多様な環境の変動が引き起こされる。

仮にレジームシフトのインパクトが大きければ、その影響は小規模な人為的ファクターの影響を凌駕してしまうことも十分にあり得る。たとえば、一定規模の種苗放流を行なっているにもかかわらず、ある年にアユの遡上数が突然数倍に増えたり、放流事業がほとんど行なわれていないニホンウナギの稚魚の接岸数が数年のスパンで増加したり、放流規模を縮小したにもかかわらず、サクラマスの資源量が増加したりすることにも何らかのレジームシフトが影響を及ぼしている可能性を検討する必要がある。また反対に、レジームシフトが負の側面を見せた場合にはたとえ我々が種苗放流や近自然化工事などの保全活動に尽力していても、今回のようにサクラマスやウグイの資源量が長期にわたって減少してしまうことや、近年の三陸のシロサケのように（孵化放流事業を継続していても）回帰親魚数が激減してしまうといった現象も起こり得る。

つまり、この現象の難しいところは、レジームシフトと人為的な行為が重なった場合、種苗放流や近自然化工事といった資源増殖行為の効果が打ち消されて必要以上に否定されてしまうことや、反対に放流量を減らしたにもかかわらずレジームシフトの影響で見かけ上、天然魚の資源が増えたように錯覚（過大評価）してしまう可能性が生じることであろう。引き続き気仙川を注視し、レジームシフトと人為的影響の双方の視座に立ってサクラマスの資源変動の真の原因を見極める作業が必要だと思っている。

分流の存在が本流ヤマメを肥やす?

4月下旬、仙台では全国都市緑化仙台フェアーが開催された。これにあわせ、仙台市と協働して仙台城近くの広瀬川大橋の上流域に人工の分流、通称せせらぎ水路が設置された。これまでも市や県、国の河川セクションと協働して広瀬川支流の竜の口沢の堰堤に低予算・高効率の通称〝切り欠き魚道〟の設置を進めてきたが、今回の水路は本川の河川敷の一部を利用して全長約100mの小分流を開削し、水生生物の新たな生息空間を創出する取り組みとなっている。

水路では今年の冬の開削直後にモニタリングを実施した時点で本川から移動したと思われるヨシノボリやアブラハヤ、マダラカゲロウといった水生生物の姿が確認されていたが、さらにその後は隣接する本川とは異なる水生生物も徐々に定着し始め、水路全体が新たな生態系の様相を呈するようになってきている。おそらく、水路では本流よりも流速がやや弱く、水温がやや高いことで隣接する本流域では生息しにくいドジョウやトンボ類の幼虫に好適な生息域が(受け皿として)提供されているものと推察される。かつての広瀬川では砂礫の供給や流失(掘削)によってこうした分流(水路)がいくつも形成され、少なからず本流域のトラウトたちの摂餌環境のボトムアップにも貢献してきたと考えられる。

つまり、こうした分流は単に本流域の空間の拡張となるだけでなく、本流の生態系機能の多様化にも貢献し得るものと考えられる。今後は従来の切り欠き魚道と併せてこうした人工分流の普及も進めていくことが重要になると認識している。

宮ヶ瀬ダムと中津川の大ヤマメ

5月中旬になると、東北では多くの水生昆虫類がハッチのピークを迎え、アユの遡上も始まった。ちょうどその頃、東京の友人に誘われて、宿願となっていた神奈川県中津川に弾丸遠征することにした。思い起こせば最初にこの川の名前を知ったのは、かれこれ10年以上前のことになる。その当時、東京から最短で野生化したヒレピンヤマメをねらうのであれば、(私の場合は)桂川の忍野地区に行くのが定番となっていた。ところがある日、某雑誌で、「上流に宮ヶ瀬ダムができて以降、中津川では特大の本流ヤマメが釣れるようになったらしい」との魅力的な記事を読んだ。しかしその頃、すでに生活基盤が仙台に移っていたこともあり、結局は訪れることもなく年月が経ってしまっていた。

ちょうど去年の今頃、高校時代からの釣友M氏がにわかに中津川に通い始め、その都度、釣果を送って寄越すようになった。そしてなんと、今年のゴールデンウイークには尺ヤマメと50㎝アップのニジマスを連続キャッチできたそうで、さらには最後にラインブレイクされたものの、推定40㎝の本流ヤマメも掛けたとの連絡が来た。そこで、10年間の空白を埋めるべく、私自身も中津川の地を踏むことにした。

実際に訪れてみると、津久井湖を渡っていつも忍野方面に向かっていた国道413号から少し左にそれたところに、中津川は流れていた。八王子から1時間と走っていないのに、まるで近くに老舗の温泉旅館でも建っていそうな、落ち着いた雰囲気が漂っていた。一方、川岸に立ってみるとなるほど、ダムの深層を通ってもなお潤沢な栄養分で涵養されていることをうかがわ

シルバーボディーが美しい中津川の尺ヤマメ。こちらは釣友が釣りあげたもの

せる、冷涼感のある青い水がとうとうと流れている。表現するのが難しいが、水中に無数の水生昆虫が生息していることを感じさせる、独特の生命感に満ちた匂いが川面を通じて伝わってきた。もしこれが、宮ヶ瀬ダムの存在によって人為的に醸成された環境なのだとしたら、この川は大都市圏東京の周縁に奇跡的に現出した、ヤマメたちのオアシスと言ってよいかもしれない。

肝心の釣果のほうはどうだったかというと、名ガイドのおかげで、日没前に33㎝の本流ヤマメをキャッチすることができた。この魚は同じところでライズを繰り返していたので、日頃ライズの少ない広瀬川で釣りをしている私にとっては初めてでも魚の位置を特定しやすかった。しかし、それでもこの日ライズしていた魚の数は、ゴールデンウイークの1割にも満たなかったというから、驚きである。いずれまた、近くに行った際にはこの川に立ち寄ってみたい。

第19回

ミノーのパーマークは有効か

中学生の頃、勉強そっちのけでハンドメイドミノーづくりに没頭した時期があり、個人的にはアルミ箔で覆われたバルサにどこまでリアルなパーマークを描けるかが関心事だった。では、こうしたルアーの模様には実際、ヤマメやイワナを誘う機能は備わっているのだろうか。積年の課題について、今回は考えてみたい。

「パーマーク」は渓流ミノーの定番カラー。たしかに美しいが、魚のバイトを誘う力はあるのだろうか？

ヤマメのパーマークの役割

今年（2023）ほど渓に立てていない年はこれまでになかった。理由は5月の盛期に出遅れたのと、その後は今年の暑さのせい、ということにしている。ただ、あとになって聞いたところでは今年の鬼怒川や広瀬川は比較的好調で、40㎝を筆頭に尺ヤマメを複数キャッチした話も伝わってきている。私が釣行を躊躇《ちゅうちょ》していた間にも周囲のアングラーはきちんと結果をだしていたのだ。春にかすかな気配が感じられたレジームシフトの影響がこうした釣果ともどこかで繋がっているのかが、少し気になる。そろそろ私も川（渓）に戻り、ラストスパートをかけたい。

そういえば、例年ならばシーズン中のヤマメの写真を見返していて、どこで釣った魚かがすぐに思い出せないこともあったが、その点、今年は数えるほどしか釣れていないので1尾ごとの記憶が鮮明なのは、喜ばしい点である。写真を並べてみるとなるほど、水系や個体ごとにパーマークなどの模様が違うことにあらためて気がつき、新鮮な驚きだった。そこで、夜もいくらか過ごしやすくなってきたので今回は論文なども引き出しつつ、あらためてパーマークの意味について考えてみたい。

さて、これまでにも何回か触れてきたように、サクラマス（ヤマメ）をはじめとするサケ科魚類の体色や模様には必ず彼らのための何らかの機能（function）が備わっていると考えている。そうした機能美を備えた模様の中でも最もサケ科魚類らしく、美しいのがパーマークだと、個人的には思っている。

一方、パーマークは彼らにとって重要な意味を持つとともに、我々アングラーにとっても有益な指標として親しまれてきた。たとえば個数や大きさ、形といった特徴から、パーマークは各水系の系群を分類する指標として、あるいはある場所で釣れた魚が前回釣れた魚と同じだったかどうかを判定するための個体識別コードとしても用いられている。たとえば数年前、同じプールで数日おきに泣き尺、尺ヤマメと続き、あとから写真でパーマークを見比べてみて両者が同じ魚だったことが分かり、この魚が急成長を遂げたことへの感動と、無事に生き残ってくれたことへの安堵を感じられた経験が印象に残っている。

一方で、ヤマメのパーマークは系群や個体を判別し得る固有性を持ちながらも、じつは一部の個体では大きさや形状、さらには個数が増減することも分かってきた。たとえば一部の個体では成長とともにパーマークの間隔が広がってゆく場合があることが、最近の観察実験で明らかになってきている。またその際、個体によってはパーマークの間隔が均等に開いていくものもいれば、不均等に広がっていくものもおり、いくつかのバリエーションがありそうなことも明らかとなった。

パーマークの個数が増えたり減ったりするケースでは、魚体の後方（尾柄部付近）に新たなパーマークが出現したり、あるいはその部分が消失することが多かった。また、パーマークの形が変化する場合は基本的に縦、あるいは横方向に拡大することが多かったが、中にはそれまで楕円形だったものがひょうたん型に変形したり、さらにひょうたんの先端が分離して新たに小さなパーマークが産まれたりすることもあった。以上のような変化が最短では数ヵ月以内に起こると考えられる。ただし、基本的にはこうした変化の度合いはさほど大きくなく、パーマークによる系群や個体の識別には大きく影響することはないと考えている。ただ、時にはこうしてパーマークが微妙な変化を生じることを頭の片隅に留めておくと、どこかで役に立つこともあるのではないかと思う。

パーマークの2つの機能

さて、本題に戻る。タイトルに示したように、今回明らかにしたかったのは、ルアーの体表に再現されたパーマークが釣りをするうえで有効か否か、という点である。その答えは、生物学的に考えると少なくともヤマメに対しては有効、と言えそうである。

ここに、1本の論文がある。その中で著者らは、ヤマメを模した模型（パーマークあり・なし）を水槽のヤマメに見せたところ、パーマークが描かれた模型のほうにより多く攻撃が加えられたことを報告している。つまり、ヤマメのパーマークには同種の他個体からの攻撃行動を誘起する機能があり、したがってルアーに描かれた人工のパーマークは少なくともヤマメの攻撃（バイト）を誘発するトリガーになり得ると推察される。私がリアリティー追求のために夜な夜なマッキーで点描していたパーマークも、まんざら無用の長物ではなかったことになる。

一方、生物学的に俯瞰すると、パーマークが同種からの攻撃行動を誘発する機能を持つとの解釈には、ストレートには理解が追い付かない部分もある。もちろん、論文の結果は事実であり、我々もこの現象を追実験で確認している。要は、パーマークの本来の役割はそれではないだろう、ということと、だとしたらどのような経緯でパーマークが同種からの攻撃を誘起する

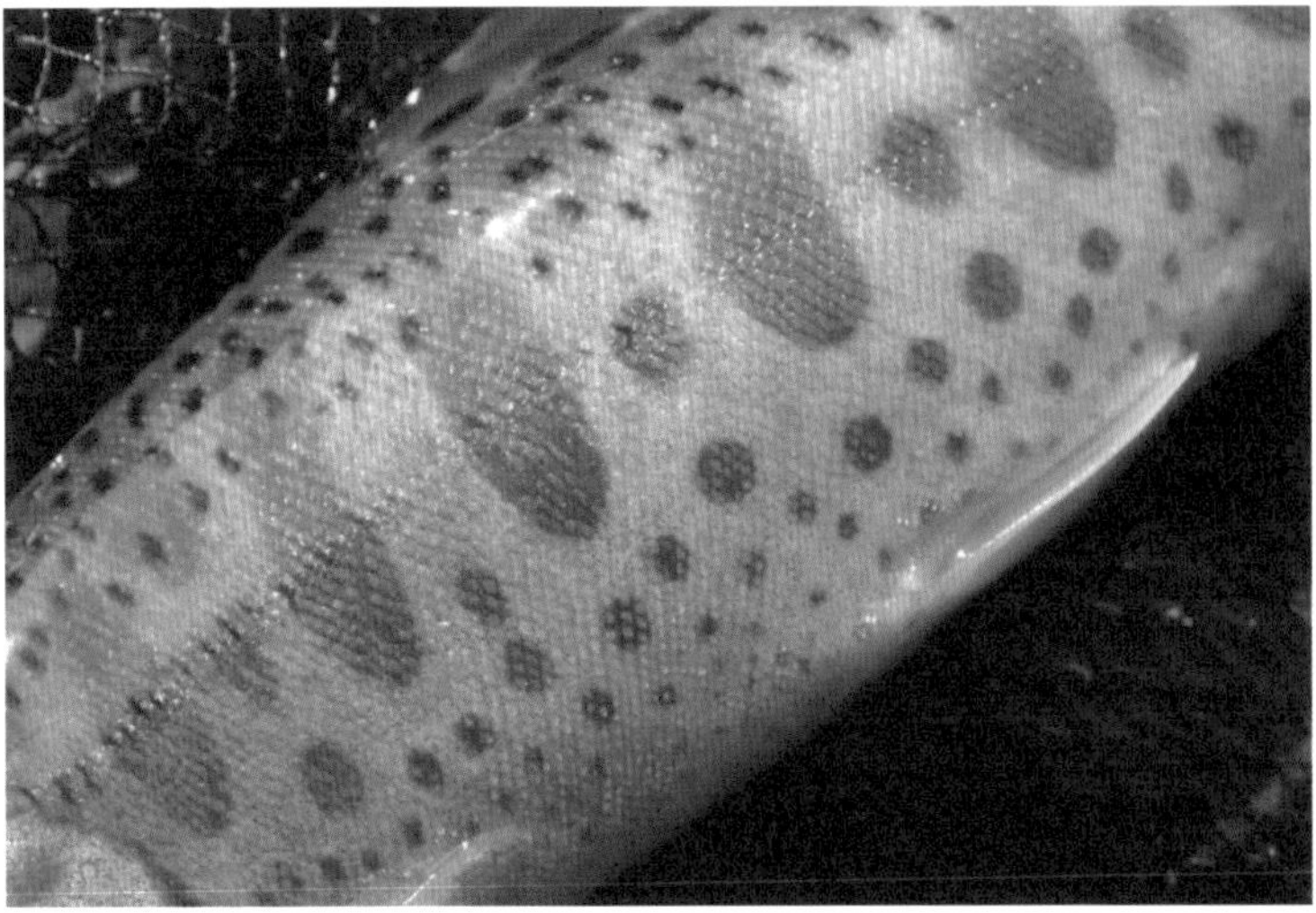

ヤマメの体に表出するパーマークは、同族に向けてナワバリを誇示する意味合いもあるのかもしれない。となると、攻撃を誘発するトリガーになっている可能性も無視できない

トリガー機能を持つようになったのかが興味深いのである。そこで、あらためてヤマメのパーマークはそもそも何のために進化してきたのか、というところから考えてみたい。

本連載でも何度か触れてきたが、ヤマメをはじめとするサケ魚類のパーマークは本来、産卵床から浮上した稚魚が周辺の底砂利のテクスチャーに自分の体側を重ね合わせ、外敵（捕食者）からの攻撃リスクを下げるためのカムフラージュ模様として進化したものと考えられる。つまり、パーマークは最初から同種の他個体に向けてつくられたものではなく、前述した機能は二次的なものだと考えられる。おそらく、パーマークは捕食者に対しては想定どおりの高いカムフラージュ効果を発揮した半面、近所にいる同種の稚魚からは、カムフラージュ効果を盾にしてその場所に居続けようとする、ナワバリ闘争の意思表示と捉えられるようになっていったのではないだろうか。そう考えると、この模様が同種の他個体からの攻撃を引き起こすことも、至極当然と思える。

また、熾烈なナワバリ争いに敗れたヤマメの稚魚が体表からパーマークを消し、代わりに全身をグアニン色素で銀白色化させる、いわゆる銀化変態現象（スモルト化）も、本来は他個体からの攻撃を受けないようにするための体色変化（戦略）だった可能性が考えられる。と同時に、体色の銀白色化はナワバリ争いに敗れた稚魚がそのまま本流域や大淵の水柱に居残るためのカムフラージュ体色としての機能も兼ねた。これが、本流ヤマメや、そこからさらに海に降りる銀化魚の体色の所以となった可能性については、既に述べた。いずれにせよ、一連の事象を踏まえる限り、パーマークがルアーの模様として有効である可能性は充分にあると私は見ている。

第20回

サクラマスはどこからきたのか

日本にはサクラマスとヤマメがいる。そのおかげでこれまでどれほどのアングラーがこの魚の虜になり、時に身を持ち崩しそうになり、そして一期一会の出会いに心救われて来ただろうか。いったいどのような奇跡のおかげで我々は、この魚と向き合う幸福を得ることができるようになったのだろうか。本チャプターでは最後に、これまでに得られている断片的な知見をパズルのように組み合わせ、隙間の部分は私の想像と妄想で埋めながら、サクラマスの進化の謎に迫るミニツアーを敢行したい。基本的には大いなる想像（フィクション）の物語であり、今後の科学的検証のための叩き台だと思って読んで頂ければ幸いである。

数万年前の古瀬戸内湖のようす

生物学者とアングラー、2つの視点が交わる仮説

ここまでの本書でも断片的に触れているが、サクラマスなどの太平洋サケの歴史はおそらくは大西洋で進化した大西洋サケの一部がベーリング海峡を通って太平洋に進入したところから始まったと考えられる。今から数十万年以上前のことと思われる。この祖先型の魚からまず、現在のニジマスに相当する種が誕生して日本海付近に生息するようになったというのが、これまでの定説となっている。いわゆる、太平洋サケのアジア起源説である。その当時、現在の日本海にあたる水域は半閉鎖系、またはほぼ湖と呼べる形状をしており、ここに進入した祖先型の一部が袋小路的にニジマスに転じた可能性が高いと考えられる。これが、最初に起こった奇跡と言える。

2つめの奇跡は、ほぼ同じ時代、現在の瀬戸内海に相当する水域にもやはり湖と呼べる水域（古瀬戸内湖）があり、氷河期と間氷期が繰り返される中で断続的に日本海とも接続していたことだと考えられる。おそらくこの間、上述したニジマスの祖先に相当する魚の一部が古瀬戸内湖内に進入し、やはり袋小路的に現在のビワマスに相当する種が誕生したものと想像される。なぜそのような想像ができるかというと、当時の古瀬戸内湖の西海岸に相当する大分県の野上層という地層から、現在のビワマスに極めてよく似たサケ類の化石が出土するからである。

奇跡は、さらに続く、その後、古瀬戸内湖は各方面で海と接続し、徐々に現在の瀬戸内海へと変貌を遂げていったが、その過程において、最も東側にあった水域の一部が琵琶湖として切

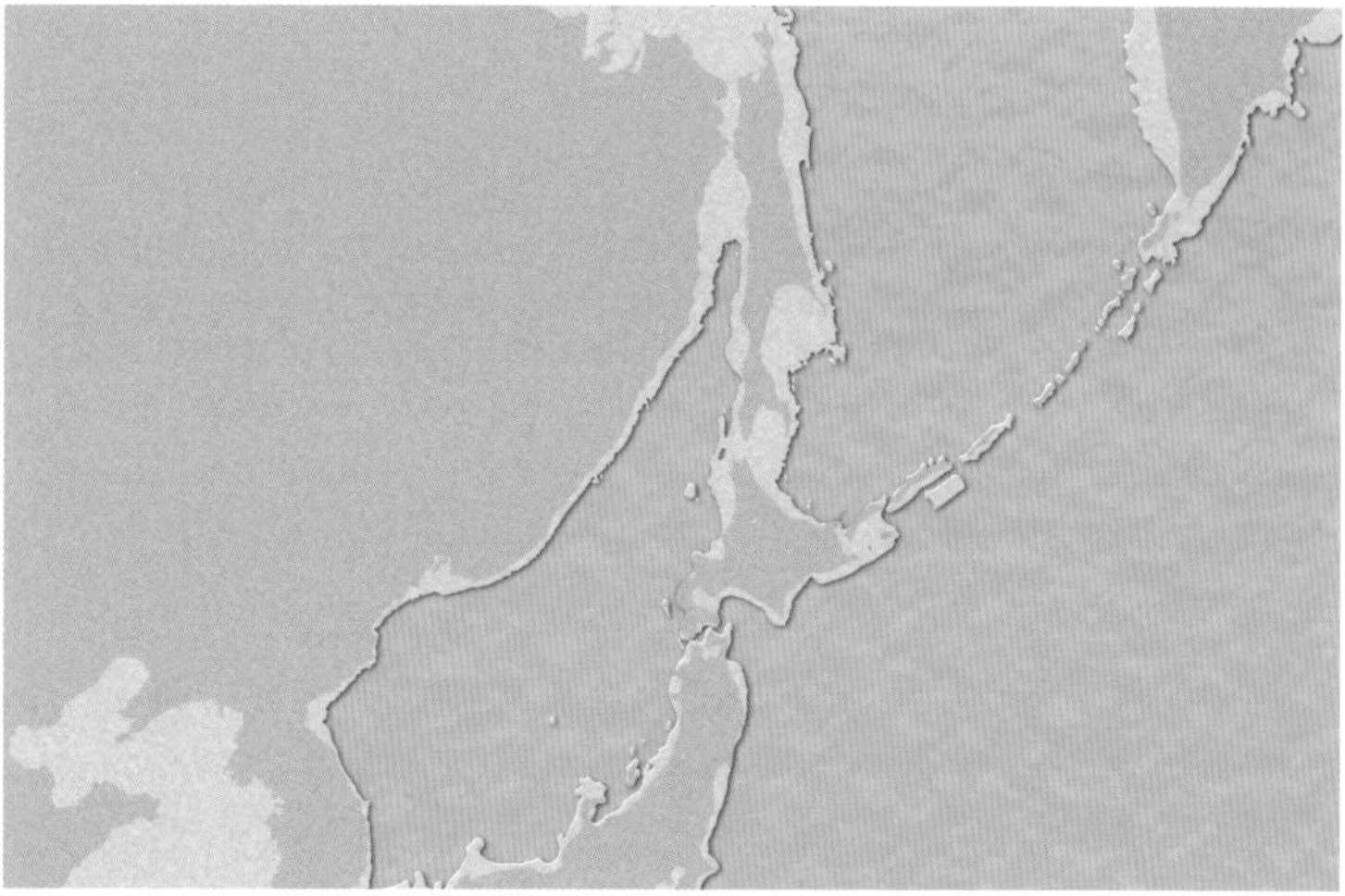

最終氷河期の極大期前後（2万1000～1万5000年前）の世界のようす

広瀬川に遡上したサクラマス

り離され、ここに上述したビワマスの祖先型が閉じ込められ、そのまま現在にいたるまで保存されたと考えられる。その後、ビワマスは長きにわたって琵琶湖水域に隔離されたために徐々に海水に適応するための浸透圧調節機構が退化し、サケ科魚類のおおもとの祖先型である淡水魚へと先祖返りを起こしたと考えられている。

そこからしばらくの間は、おそらく琵琶湖にのみビワマスが分布する（保存される）期間が続いたと考えられるが、その過程のどこかで今度はビワマスの一部がサツキマス（アマゴ）に転じ、琵琶湖を取りまくエリア（静岡県から大分県にかけての太平洋側および瀬戸内海周辺）に分布するようになったものと考えられる。また後年、今度はアマゴの一部がサクラマス（ヤマメ）に転じ、アマゴの分布域の外側の広い範囲にぐるりと分布域を築き、ここに現在のビワマス―サツキマス―サクラマスの一大分布圏が構築されたものと考えている。

現在、サクラマスは多くの川では上流域の産卵床の中で孵化し、やがて春の訪れとともに浮上して川の流れに泳ぎ出てくる。そこからしばらくは川岸の浅瀬で活発に摂餌を行なうが、この頃から一部の稚魚が縄張りを主張し始め、熾烈な争いに勝って優位（dominant）となった個体はそのまま終生の河川生活を送る河川残留型（ヤマメ）となる。一方、縄張り争いに敗れて劣位（subordinate）となった稚魚はそのままでは十分な摂餌量を確保することが難しいため、次善の策として体色を銀白色化させ、dominantが利用しない淵の中央や、そこからやや降った本流域に移動して暮らすようになったと考えられる。これらがいわゆる、本流ヤマメである。こうして、川の中では河川残留型がおもに上流域に、本流ヤマメがその下流側に陣取るようになるが、それでも居場所が得られなかった一部の稚魚はさらに本流域を下流方向へと降河し、最終的にはその一部が海にまで到達するようになったと考えられる。本来、多くの川魚は当然ながら海に降りてしまうと海水に適応することができずに死んでしまうことになる。しかし、もともとは降海回遊魚である大西洋サケを祖先に持つサクラマスでは体色の銀白色化と同時に海水適応能も亢進させることができたため、海に降りてもそのまま生き残ることができたと考えられる。これらが、降海回遊型のサクラマスである。

こうして太平洋において降海回遊の礎を築いた初期のニジマス、あるいはサクラマス群からはその後、ギンサケ、マスノスケ、サケ（シロサケ）、カラフトマスといった、北太平洋を象徴するサケ科魚類が次々と花開いていったものと考えられる。こんにち見られるこれらの太平洋サケも、元をただせば日本列島周辺の地形の妙と、そこで誕生したサクラマスの奇跡の連鎖に連なっている存在なのかもしれない。

なお、サクラマスは前述したように大きく河川残留型（ヤマメ）と降河回遊型の銀化魚（サクラマス）に分かれるだけでなく、今日では様々なバリアントが生ずることが分かってきている。たとえば本流ヤマメも、降河回遊型の銀化魚のバリアントの1つと捉えられる。その他にも、降河回遊型には1歳半の春に銀化変態を行なう春スモルトの他、それらよりも半年早く銀化する秋スモルトも見られる。また海に降りた後はすべてのサクラマスがオホーツク海に向かって回遊するわけではなく、河口域周辺の湾内に留まる個体群も見つかっている。さらに、前述した気仙川などではごく短期間の間に春スモルトから秋スモルト、さらに春スモルトへと回遊の形質が目まぐるしく変化（進化）を起こしている可能性もうかがえる。つまり、サクラマス群は今もまだ進化の途上にあると考えられる。あるいは、サクラマスは今現在もうつろいゆく様々な環境の変化に対応するべく、表現型を変化させながら自身の存亡をかけた闘いに挑み続けているのかもしれない。おそらく我々は、今はそれを見守ることしかできないと思われる。しかし、将来的には彼らの生存の試みをより深く理解し、何らかの助力で応じることができるようになっていると思いたい。それができるのも、我々アングラーに与えられた特権であり、大いなる幸せだと思っている。

釣りと魚をより深く理解するための生態学

Q&A

『鱒の森』［アングラーのための生態学教室。棟方トラウトゼミナール。］連載中に読者から寄せられたさまざまな質問とその答え。

Question 01

朱点の有無以外のヤマメらしさ、アマゴらしさとは

Q アマゴとヤマメの違いについてお聞きしたいです。朱点の有無以外に顔つき、姿などで「ヤマメらしい」「アマゴらしい」と判断する釣り人がいますが、実際に違うものなのでしょうか（静岡県在住・57歳）。

両者の違いとしてよく言われるのが分布域と朱点の有無で、一般的にはそれ以外の形態や行動に大きな違いはない、と言われています。しかし、ここでは過去の本の情報や私見も交えて、両者の違いやその背景を考察してみます。

まず、本からの知識ですが、アマゴはヤマメよりもやや流れ（水勢）が強い場所にもいることがあり、時にはより白泡に近い場所もポイントになる、と書かれていた記憶があります（ただ今回、原典を見つけることはできませんでした）。また、国の研究機関でサケ科魚類の飼育に携わっている武藤光司氏によると、アマゴのほうがヤマメよりも池の中ではさまざまな場所に散らばっていて、エサを撒いた時も個体ごとにバラバラ（思い思い）に摂餌を行なう傾向があり、一方でヤマメはより集団行動的にエサを採る傾向があるとのことでした。また、私の感覚ではヤマメのほうがアマゴよりも魚体に柔軟性があり、掌の起伏にあわせて体がしなだれやすいように感じました。

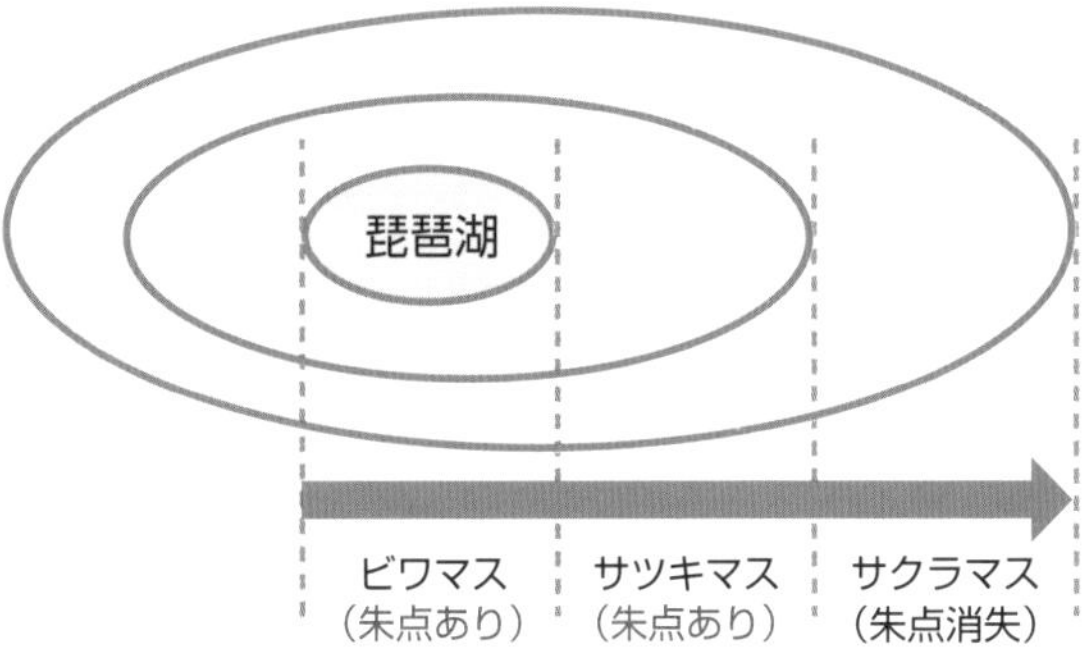

朱点の起源はビワマス？
ビワマスからサツキマス（アマゴ）、そしてサクラマス（ヤマメ）へと進化したとすると、朱点を発する遺伝的情報はヤマメに受け継がれている可能性もある

このように、調べてみるといくつかの意見、感想がでてきますが、もう少し別の視点からも見てみたいと思います。第2回「ビワマスの謎」（20頁〜）でも触れましたが、私はアマゴがヤマメよりも進化的に古い魚だと考えています。DNAの配列から、日本ではまずビワマスが今から50万年ほど前に分化して現在の琵琶湖付近に住み着き、次にそこからアマゴが分化して琵琶湖を取り囲むように分布域を広げたと考えています。

この時、ビワマスが備えていた朱点はアマゴもそのまま持ち続けたことになります。そしてそこから新たに分化し、さらに外側に分布域を築いたのがヤマメで、彼らはどこかのタイミングで朱点を持たなくなったと考えられます。

このように捉えると、ヤマメとアマゴの違いを論じるうえでは、この比較に最古参のビワマスを加えたほうがさらに面白そうです。そこで元滋賀県水産試験場の藤岡康弘氏に聞いたところ、ビワマスは川ではイワナやアマゴほど神経質にならなくても簡単に釣れるようだ、とのことでした。

こうした情報を、半ば強引に「ビワマス→アマゴ→ヤマメ」と進化の順に並べてみると、もしかしたら性質的にはビワマスがもっともおっとりしており、アマゴ、ヤマメと進むうちに徐々に神経質、かつ行動などの性質に規則性が現われるようになったような気がしています。また、ビワマスの場合は流入河川の夏の暑さを避けるために大半が琵琶湖に降りてしまいますが、温暖な西南日本をおもな分布域とするアマゴは生理・行動的に比較的高い高水温耐性を備えており、それと相まって、夏には白泡の付近などにも定位する習性を身につけたのかもしれません。

なお、アマゴの体がヤマメよりも硬いならば、ビワマスはもっと硬いか、というとそうでもなく、骨は他のどのサケ科魚類よりも柔らかいそうです（藤岡氏談）。だとすると、アマゴとヤマメに違いがあるとしてもそれは進化のオーダーに沿って生じたものもあれば、それぞれのグループで特異的（袋小路的）に生じたものもあることになります。

最後に補足ですが、上記の方々に聞いた範囲では、ビワマス、アマゴ、ヤマメの若魚を同じ環境で飼育していると、朱点以外の外見で感覚的に見分けることはやはり難しい、とのことでした。ただし、前述したとおり、これらの魚は国内では生息エリアや生息環境が大きく異なりますので、同じような環境で飼育すると顕著な差が見られないものの、それぞれの生息地の環境で暮らすことで上記した特徴がより顕著に現われるようになるのかもしれません。つまり、彼らのアマゴらしさ、ヤマメらしさは遺伝よりも、それぞれの生息環境の影響によって醸し出されるものなのかもしれません。

Question 02

たまにヤマメが浮かべている赤点の正体とは

Q ヤマメの中にはたまにポツポツと小さな赤点を（特に側線付近に）浮かべている個体がいます。これはアマゴの血が混じっているから生じる現象なのでしょうか（宮城県在住・46歳）。

ヤマメとアマゴの違いの1つが朱点の有無だとされていますが、これには例外があります。たとえば九州の筑後川水系の一部には薄く朱点が出るヤマメがいるそうです。他にも、栃木県や福島などの一部でもこうしたヤマメが見られるという話を聞いたことがあります。また、朱点ほどではありませんが、体側やヒレの一部が赤みがかっているヤマメは、比較的多くの水系にいると感じています。

その背景ですが、ご指摘のとおり、一部は過去にアマゴが人為放流、または自然の移動によってヤマメの生息地に進出し、交雑が起こった可能性が考えられますが、一方ですべてがこのケースではないだろうとも思っています。

前の方の質問とも重なりますが、個人的にはヤマメはアマゴから進化してきた魚だと考えています。そう仮定すると、アマゴから分化した後に朱点を出さなくなったのがヤマメ、ということになりますが、例外的に一部のヤマメはまだ遺伝的には朱点を出す性質を持ち続けていて、環境しだいでは体側などの体の一部に朱点、または赤い色を出すことがあるのかもしれません。

だとすると、次に興味深いのはヤマメがなんのために（今でも）朱点や赤色を呈するのか、ということになりますが、これはまた別の機会に譲ります。

前述した筑後川水系ですが、じつは九州ではこの川から山を1つ越えた太平洋側の大野川水系以東はアマゴの生息域であり、二者の生息地が山を挟んで背中合わせに接しています。もしかすると、筑後川水系にはアマゴの性質を色濃く残した比較的原始的なヤマメの個体群が暮らしているという可能性も考えられます。

つまり、こうした現象を踏まえるとヤマメとアマゴの性質や分布域の境界はじつは論文や本で書かれているほどきれいに線引きできるものではなく、特に境界領域には両者の過渡的な性質の個体群がおり、中には朱点を出す性質をなおも持ち続けているヤマメが生息しているのかもしれません。

なお、先述した栃木や福島の個体群が人為的な放流によるものではないと仮定すると（アマゴの太平洋岸の分布境界である静岡県周辺からはずいぶん離れていることになりますが）、可能性の1つとして過去にアマゴの降海型（サツキマス）の一部が黒潮に乗って太平洋岸を北上し、飛び地的にこの地に進入したことがあったのではないかと考えています。

これはアマゴの水系で釣れた、朱点の鮮やかなアマゴ

東北日本海側のヤマメ河川で釣れた個体。ここまではっきりと赤点を浮かべたヤマメも珍しい

アマゴとヤマメそれぞれの生息域が隣接する川で釣れた微妙な１尾。これをヤマメとするか、それともアマゴとするかは釣り人によって意見が分かれるかもしれない

Question 03

サクラマスは成長度によって口の硬さが違う?

Q 海のサクラマス、遡上したばかりのサクラマス、そして川の上流のサクラマスで「口」の硬さが違うような気がしています。実際のところ魚の口の硬さは時期や成長度によって異なるのでしょうか（宮城県在住・46歳）。

海のサクラマスはまだ釣ったことがありませんが、三陸の市場に水揚げされた海産のサクラマスや東北の河口域で3～4月に釣ったサクラマスはたしかに口や体表などが柔らかい印象を受けています。一方、5～6月に川で釣ったサクラマスやヤマメは口内や体表（表皮）、身の一部など、多くの部分が前者よりも引き締まって硬そうな感じがしています。また、この傾向はサクラマス、ヤマメともに夏以降、産卵期に向けてさらに顕著になると感じています。

そうなる背景やメカニズムを考えてみます。まず、サクラマスの〝柔らかさ〟はいつ頃から見られるかというと、稚魚期に海に入ったあたりから、あるいはその少し前、川の中で銀化変態を開始する頃からではないかと思っています。一方、ヤマメのほうはこの頃から徐々にサクラマスよりも〝硬く〟なっていくイメージかと思います。なお、本種ではいわゆるヤマメ（河川残留型）になる個体のほうが主群であり、縄張りが持てない、あるいはエサ不足といったネガティブな理由で銀化魚に分化（銀化変態）していくほうがサクラマスだと考えられますので、

紙一重のフッキングとなったサクラマスをバラしてしまうのか、それとも最終的にランディングに成功するかはきっと魚の口の硬さも関係しているはず。このサクラマスは５月下旬の支流で釣れた魚で、浅掛かりだったがキャッチできた

表現としてはサクラマスがヤマメよりも柔らかくなる、ということになるかと思います。

このように、サクラマスのほうが柔らかくなる背景の1つには、この時期の彼らの代謝機構の変化が関係していると考えています。前述したとおり、縄張りが持てない、あるいは充分なエサがとれないといったネガティブな理由（ストレス）で川の下流域や海に降りてゆくのがサクラマスですが、これらの魚ではこの時、エサを食べられないことで陥った飢餓状態等から脱却するため、体内で盛んに成長ホルモンが分泌されるようになります（注・成長ホルモンは体の各部位における成長をうながす他、個体の摂餌行動も刺激する）。また、これも前回触れましたが、好適な場所に縄張りを持てなくなったこれらの魚は、新たな生息空間である川の流心部の水色に自身を溶け込ませるために体色を銀白色化させると同時に、一定の流速がある流心部でも定位できるように脊椎骨を延ばして体型をスリム化させます。つまり、サクラマスではこの時、新たな生息環境に適応するためにさまざまな代謝機構が活性化され、常に新しい細胞が生まれる状態になっていると考えられます。

さらに、一連の銀化変態を経て本流域、あるいは海に降りた本流ヤマメやサクラマスはその後、海域の摂餌条件しだいでは河川残留型のヤマメをしのぐペースで摂餌を行ない、急激な体成長を続けることになります。つまり、彼らの体内ではこの間も、成長にともなって細胞の新生やターンオーバーが継続すると考えられます。これらの現象を踏まえると、サクラマスの体が柔らかくなる理由の1つは、常に一定のペースで細胞の新生が起こることで、体表などの部位が比較的若い細胞で構成されるためだと考えられます。

では次に、河川残留型のヤマメでは同じ時期、どのような現象が起こっているのでしょうか。これも繰り返しとなりますが、ヤマメとは、川にそのまま居い続けていても充分な成長を遂げ、同種の他個体よりも短期間で産卵を行なう目処が立っている個体、と言うことができます。ですので、ヤマメの多くは降海型のサクラマスや本流ヤマメよりも成長速度は遅くり、体サイズ的には小型な魚が多いものの、夏以降は秋の産卵期に向けて代謝機構を性成熟モードへと切り替えていくことになります。また、やや遠回りして約1年間の海洋生活を経てから川を遡上してきたサクラマスでもこの頃から徐々に性成熟が進行します。

こうして性成熟が開始され、産卵に向かうヤマメやサクラマスの親魚では産卵期になるとそれまでとは異なる新たな行動を発現することが必要となります。たとえばメスの場合は自分が

河川内を遡上し始めた頃の本流ヤマメ（堺淳撮影）

河川内で成熟期に移行した本流ヤマメ（堺淳撮影）

産んだ卵を砂礫底に埋設するため、川底に尾ビレを突き立てて産卵床を掘り起こします。またオスは、こうして産卵床を掘り起こすメスを産卵パートナーとして獲得すべく、他のオスと体当たりや噛み付きなどを織りまぜつつ、熾烈な縄張り争いを繰り広げます。

また、メス、オスともに、産卵期の前には滝や落差、浅瀬などの幾多の障壁に体をこすりつけながら、上流域の産卵場に向かわなければなりません。こうなることとも関係していると考えられますが、これらの産卵活動に向かう過程にあるヤマメやサクラマスでは性成熟の代謝機構（生殖内分泌系）によって徐々に体表や口吻、ヒレといった体表付近の組織が硬化してゆくと考えられます。実際、体表の組織切片を作製し、顕微鏡で表皮の厚さを見比べると、成熟したヤマメやサクラマスの表皮は成熟前の銀化魚よりも1・5倍ほど分厚くなっていることも分かっています。

まとめますと、終生の河川生活を続けるヤマメでは総じて夏以降の成熟期に口や体表、ヒレなどの体の多くの部分が硬くなっていきますが、下流域や海に降りてゆく銀化魚では一時的にこれらの組織が柔らかくなり、その後、成熟の開始とともに硬くなってゆくと考えられます。イワナとアメマスについても、これとほぼ同様の説明があてはまるのではないかと思っています。

そうなると、釣りにおいてはフックの選択や、フッキング後のやり取りといった戦術も各タイプに合わせるほうがよいのかもしれません。ちなみに私は直近の下流域の釣行でサクラマスを3連続でバラし（おそらくは口切れのため）、その後、河川のサクラマスではフックオフを多発しています。

こちらは11月の北海道で釣れた産卵後のアメマス。産卵で遡上する頃の個体に比べるとたしかに皮膚が硬いようだ

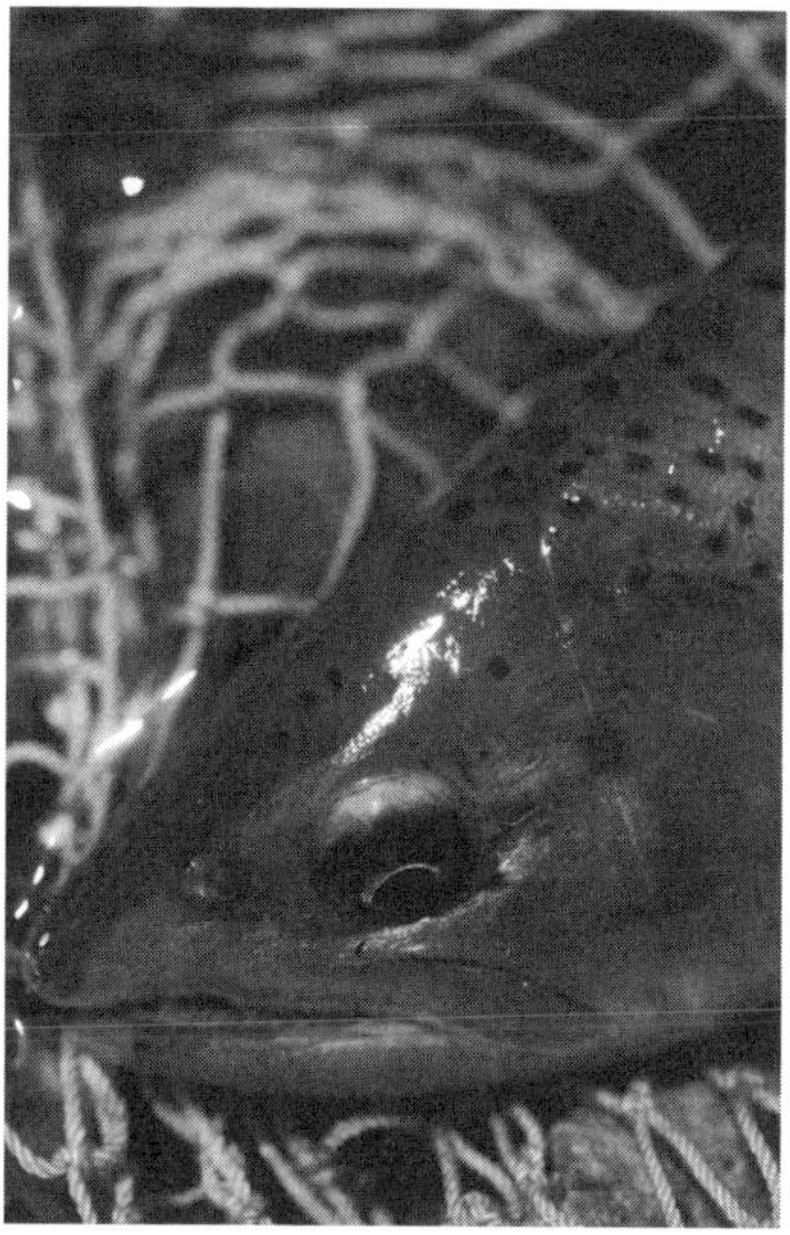

北東北で釣れた9月のヤマメ。少し突き出た鼻が成熟を感じさせたが、他のオスとの競争のために皮膚が厚くなっていると考えられる

Question 04

稚アユを食べる本流ヤマメの成長速度は

Q よく稚アユの放流があると一気にヤマメが成長すると言いますが、ヤマメやイワナはどのくらいのスピードで成長するものなのでしょうか。たとえば1ヵ月で最高何㎝ほど大きくなる？（東京都在住・47歳）

ヤマメやサクラマスの成長は生息環境、ことに摂餌環境の影響を受けながら性成熟フェーズに移行する時期まで続きます。そして、その間の成長は流域（海域）ごと、あるいは季節によっても大きく異なると考えられます。そこで、ここではざっくりと海に降りるサクラマスと川に残るヤマメについて、それぞれ成長プロファイルを概観してみます。

まず、平均的なサクラマスの孵化稚魚の全長が約２㎝と仮定し、彼らの一部が産卵を終えて死ぬまでに全長60㎝にまで成長したとします。場所を東北地方の北部と設定すると、これらが卵から孵化するのが12月末頃で、稚魚はそのまま1歳半の春まではで川で暮らし、そこから海に降って約1年間、最長でオホーツク海付近まで回遊を行ない、2歳半の春に川に戻ってくると考えられます。その後、さらに半年間を河川内で過ごし、３歳となる10月末に産卵を行なうと想定されます。

よって、稚魚が孵化した12月を起点とした場合、これらの魚は単純計算すると約3年（34ヵ

アユ釣りの有名河川で釣れた７月の本流ヤマメ。この見事なプロポーションは、稚アユを食べて一気に成長した証だろうか

月）間で58㎝の体成長を遂げたことになります。ですので、月平均に換算すると約1・7㎝ずつ成長したことになります。

一方、同じタイムコースでヤマメが河川内で全長40㎝に到達した場合は、月平均で約1・1㎝ずつ成長したことになります。ただし、もちろん実際にはこのような直線的な成長プロファイルをたどることはありませんので、次段でそのあたりをもう少し詳しく見てみたいと思います。

再び、稚魚のステージから順番に眺めてみます。サクラマス、ヤマメを問わず、0歳の稚魚では春から夏にかけて最初の成長速度の加速期が見られ、その後、冬には成長が鈍化傾向を示しますが、おおよそ1歳半の春（6月）までには両者ともに全長12～18㎝程度にまで成長します。そこでこの間、平均して全長が15㎝になったと仮定すると、ここまでの成長速度は月平均で約0・7㎝と、先ほど示した全体平均を下回ります。つまり、彼らの成長は主にこの後（1歳半以降）のステージで急激に起こることが分かります。なおここまでの特徴の1つとして、川に残るヤマメのほうが将来のサクラマスよりも平均全長が2〜3㎝ほど大きくなる傾向が見られます。これはすでに何度か触れたように、エサを多く摂って充分な成長を遂げ、川で成熟する見込みが立った個体のほうが河川残留型になることと関係しています。

次に、続く1歳半から2歳半までの期間の成長プロファイルを概観します。サクラマスの場合は、海域で2歳の誕生日を過ごし、新年を迎えた頃の全長は平均するとまだ30㎝を超えるあたりと考えられますが、その後、春（3月）には平均全長が40㎝を突破し、川への遡上が佳境となる5月頃には平均全長が50㎝に迫ります。見方や計算方法によっても変わりますが、この数ヵ月間の成長速度は月平均で約3㎝を上回る可能性があります。

その一方で、2歳半以降のサクラマス、つまり河川に遡上した後の親魚では体長の増加はほとんど見られませんし、体重に関してはむしろ減少する傾向が見られます。よって、この間のサクラマスの成長の良否はほぼ、海域での摂餌の良否にかかっていると言えます。

話を本題のヤマメに戻します。前述しましたように、1歳半の春（6月）の全長が平均15㎝程度になったあと、ヤマメの成長速度は個体によってかなりのひらきが生じます。前述したサクラマスのように、ヤマメの成長速度も摂餌環境に依存して変化すると仮定すると、ヤマメの中でも本流域で全長が40㎝にも達する本流ヤマメたちはかなり栄養価の高いエサ（アユなどの魚類）を摂食している可能性が考えられます（もちろん、栄養価が高い昆虫類をコンスタントに得られる環境であれば上流域のパーマーク付きのヤマメが大型化する可能性も充分にあります）。仮に、そういう環境にいる本流ヤマメが翌年の6月に全長40㎝に達したとしたら、その魚はサクラマスには及ばないものの、月平均で2㎝程度の成長速度を示したことになり、短期的にはそれ以上の速度で成長する可能性も考えられます。

試しにこれを週平均に換算すると、本流ヤマメの成長速度はざっと見積もって0・5㎝、またはそれ以上になる可能性もあると考えられます。ですので、ハイシーズンのある日、本流ヤマメを目の前でばらしてしまったとしても、翌週にはもしかしたら1㎝ほど大きくなった同じ魚に再会できるチャンスがあると言えます。

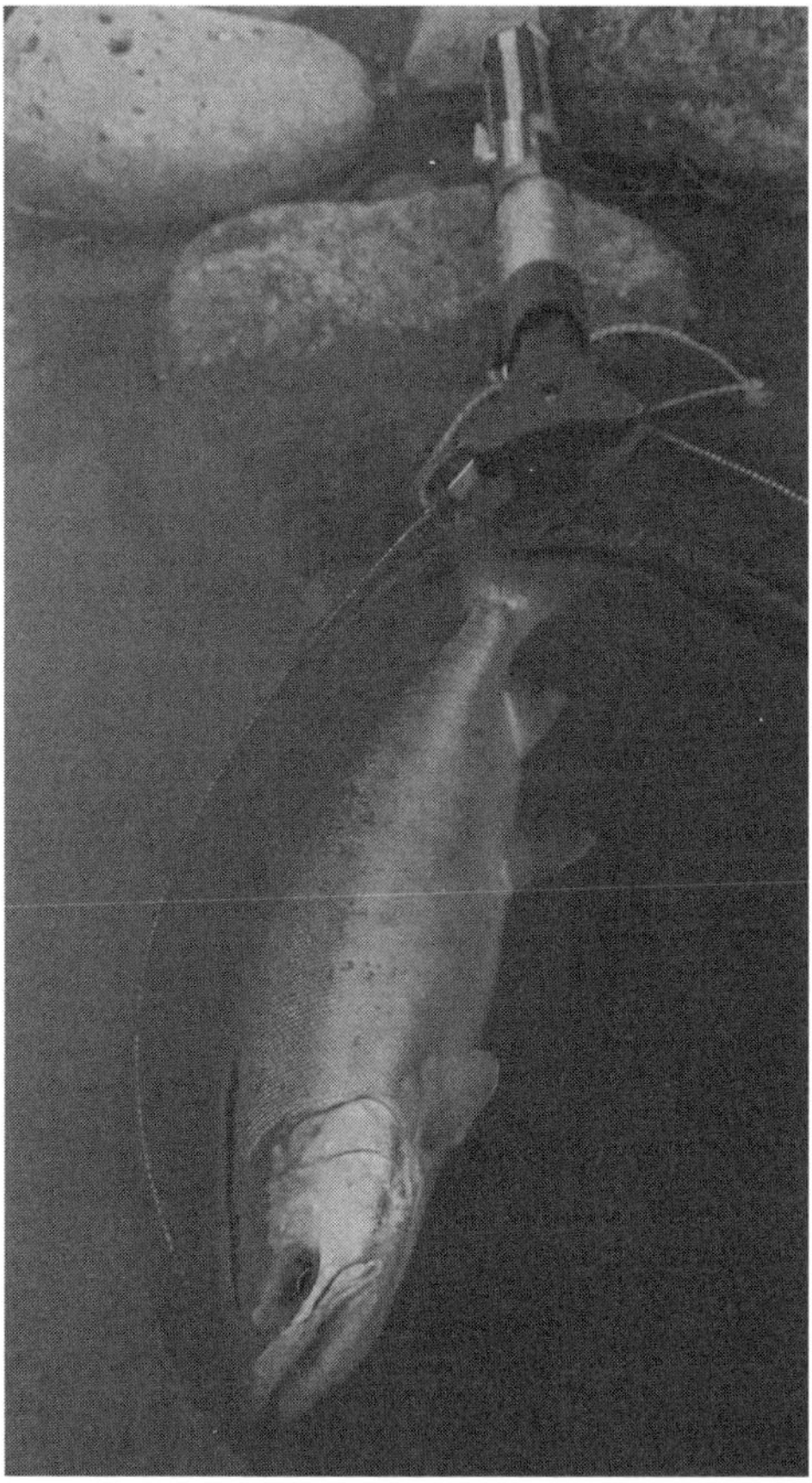

著者による今シーズン（2021）の釣果。広瀬川に本流ヤマメが今年も姿を現わした

Question 05

特定の湖で湖沼型サクラが大型化する理由は

Q ランドロックのサクラマスといえば、本州では降海型のサクラマスよりも小型が主ですが、北海道の洞爺湖などではかなり大型になることが知られています。その差はどんな理由によるのでしょうか（宮城県在住・47歳）。

たしかに北海道では比較的大型の湖沼型サクラマスが見られると思いますが、それが実際の傾向だとしたら、おそらくその現象には湖にあるエサの現存量、それらを捕食するサクラマスなどのプレデター類の生息数、ならびに北海道を象徴する北国特有の環境条件が絶妙に絡んでいると考えます。

これらの3つの要素のうち、エサの現存量は、言い換えればパイ（ケーキ）の大きさ、あるいは数、ということになります。つまり、同じような生息空間であれば、エサの現存量が多ければ多いほど単純にサクラマスの成長速度は増加すると考えられます。我々の最新の研究では、ある川に試験放流したサクラマスの稚魚の成長をモニターしたところ、数週間で体重が30gほど増えた魚がいた一方、別の採集地点では逆に体重が5gほど減った魚もいたことが分かっています。彼らは水温などの基本的条件はほぼ等しい、同じ川に放流された実験群ですのでおそらくは地点ごとの摂餌環境の善し悪しが成長に響いたのだと考えています。そういう意味で、

ランドロックのサクラマスが大型化することで知られる洞爺湖。ロマンのあるフィールドだ

こちらは北海道在住のエキスパート、齋藤進さんが釣りあげた洞爺湖のビッグワン

パイの大きさや数は、最も直接的にサクラマスの成長を規定するファクターだと考えられます。

一方、次に効いてくるのが、同じ空間にいてパイを奪いあうサクラマスの生息数、あるいは競合する近縁種などの捕食者（プレデター）の生息数だと考えられます。すなわち、仮に生息空間にあるパイの数が充分だったとしても、それを奪いあうプレデターの個体数が多ければその分だけ1尾の魚が得ることができるエサの量は目減りし、成長速度も減少することになります。

これも経験されている方が多いと思いますが、それなりの規模や摂餌環境があるのにヤマメの生息数はさほど多くないとされる川では時として特大クラスの成魚が釣れることがあると思います。ヤマメの生息密度が低いエリアは普段、我々アングラーからは敬遠されやすいところですが、じつは一部の魚が超大型化する、魅惑のポイントだったりもします。一般的には河川に生息する魚類の生息密度は北（高緯度）に行くほど低くなる傾向があるとされることから、北海道の湖などの特定のエリアではパイの大きさに比してサクラマスの生息密度が低いことで1尾当たりの成長速度が増加するケースもあるのかもしれません。

3つめのファクターは、おそらくこれが北海道などではとくに効いているのかもしれませんが、北国特有の環境条件だと思っています。すでに何回か触れているように、サクラマスの成魚は夏までに充分な摂餌を行なって成長を遂げた後、秋の短日化にともなって性成熟を開始することが分かっています。もし、性成熟のスイッチが入る秋の臨界期までに充分な成長がなし遂げられなかった場合、その魚は翌年の秋まで性成熟の開始が1年間先送りされることもあり得ますが、同時にこうした魚ではそのまま翌年の秋まで成長も続けられることになります。

つまり、その年に性成熟のスイッチが入らなかったサクラマスは翌年の秋までにより大きく成長（巨大化）する可能性も高くなるわけです。北海道の場合、本州以南に比べると夏至以降の水温低下や日長の短日間が急ピッチで進みますので、性成熟のスイッチが入るか否かのハードルは、本州以南よりも若干高くなります。したがって、それなりに成長していた成魚であってもギリギリその年の性成熟タイミングに乗り遅れ、その分翌年には一層巨大化するサクラマスがそれなりにいる、という可能性も考えられます。

洞爺湖のサクラマスには飛距離の出るジグミノーやスプーンがよく使われる

Question 06

川に帰ってきたサクラマスは本当に小型化している？

Q 最近、「川に帰ってくるサクラマスが以前に比べて小型化している」と言うベテランアングラーが増えていると感じます。釣り人の「印象」を裏付けるデータは、実際のところあるのでしょうか？　また、仮に実際に小型化しているとして、なぜそのようなことが起こるのでしょうか（秋田県在住・40歳）。

まず、私見ですが、仙台の広瀬川では実際に降海型のサクラマスの小型化が起こっていると感じています。私が観察を始めた十数年前、広瀬川には降海型のサクラマスはほとんど遡上していないと思っていましたが、ダメもとで産卵床調査を行なったところ、数は少ないものの、全長60㎝以上の巨大な深紅のオスサクラを何回か目撃しています。当然、その場にはメスもいたと思われますが、この時は深紅のオスばかりに目が奪われてしまいました。それから十数年経ち、広瀬川水系には引き続きサクラマスが遡上してきていますが、現在は総じて体サイズが小さくなってきているというのが、地元アングラーの偽らざる心境だと思います。同様の現象は、関東や南東北などのいくつかの水系でも起こっていると考えています。ただし、こうした現象やその要因を網羅的に報告している学術報告はサクラマスではまだないと思っています。

一方、好ましくない前例として、我が国を代表するサケ類である、種としてのサケ（シロサケ）

国内河川の遡上サクラマスは各地で小型化が進行している気配がある。少しでも大きな魚を釣りたいが……

では近年（2021年時当時）、回帰親魚の小型化や高齢化、挙げ句には個体数の減少が進んでいることが、特に本州の各地域から報告されはじめています。その背景としては、海域の環境の変化や、種苗放流による稚魚の増加によって北太平洋におけるパイの奪い合い（質問1参照）が以前よりも激化している可能性が指摘されています。こうした好ましくない前例を踏まえると、サクラマスでは現時点では顕在化していないものの、今後は親魚の小型化や資源の減少がさらに進行する可能性も十分に考えられます。

ただ一方で、サクラマスとシロサケでは特に海域における回遊水域や回遊のタイミングが大きくずれていることから、現時点ではシロサケに起こっている異変が直ちにサクラマスにも伝播するわけでもないとの仮説も成り立ちそうです。すなわち、日本のシロサケの多くは太平洋系群、日本海系群ともに川から海に降りた後は北洋のベーリング海まで回遊しており、冬の間はやや東南方向にあるアラスカ湾周辺に移動しますが、サクラマスの場合はそもそもこれらの海域に回遊することはなく、その多くがおもに北海道からオホーツク海にかけての海域で回遊を行なうと考えられています。また、回遊のプロファイルについては不明な点が残っているものの、降海型のサクラマスの一部は冬にはオホーツク海域から南下して三陸沿岸海域で越冬回遊を行なうといったように、所々でシロサケとは異なる回遊生態を示すことが分かっています。

一方、仮に海域におけるサクラマスの生息環境が保全されていると仮定しても、広瀬川などのいくつかの川ではここ数年、親魚が小型化するだけでなく、傾向としては産卵親魚の個体数が減少傾向を示しているようにも感じられます。もしかすると、（シロサケとは異なり）秋の産卵期よりも数ヵ月以上前から母川に遡上し始めるサクラマスの場合には、河川内のわずかな環境の変化がライフサイクルのいずれかの過程に影響を及ぼしてしているのかもしれません。

また、これもすでに何回か触れていますが、一部のサクラマスの親魚の小型化に関しては、いわゆる気候温暖化に伴う河川や海域の水温上昇が影響している可能性も考えています。詳しいことはまた別の機会にしたいと思いますが、たとえばそれによって、川から海への降河回遊の発現タイミングの早期化や、海での回遊期間の短縮が進む、いわゆるサクラマスのサツキマス化現象が起こり、そのために親魚が（エサ不足以外の要因でも）小型化している可能性もあると思っています。
こうして列挙すると、サクラマスを取り巻く環境は今も刻々と変化しており、今後さまざまな問題が起こり得ることや、その打開策を得ることが極めて困難であることも、容易に想像されます。ゆえに、今後は我々アングラーが川の番人（Watchman）となって、諸問題を未然に防ぐ発言力や行動力を備えることも重要なテーマになると考えています。

コラム

シロサケの資源減少を考える

近年、我が国の重要水産資源であるサケ（シロサケ）の回帰資源がとくに本州の太平洋側で顕著な減少傾向を示しており、問題となりつつある。私自身、2021年の秋の時点ではこうした資源減少の原因としては過剰放流された養殖稚魚間のエサの奪いによる減耗のウェイトが大きい、といった程度の捉え方をしていたが（203頁参照）、最近ではさらに大きな別のファクターとして、ここ最近の暖水塊の影響が考えられている。

たとえば、シロサケは本州では太平洋側と日本海側の双方の川に遡上するが、太平洋側ではここ数年で回帰資源が激減しているのに対して、日本海側では絶対数はもともと少ないながらも資源は比較的安定している。このことから、太平洋側のシロサケの減少には太平洋に固有の（どちらかと言えばローカルな）環境変動が影響を及ぼしていると推察できる。現在、大きな原因の1つと考えられているのが、初夏から秋頃にかけて出現する、いわゆる八戸沖の暖水塊である。

この高水温の水塊がシロサケ親魚の太平洋側への南下を抑制するバリアーになっている可能性が高いと考えられる。

かつて、仙台の広瀬川では10月下旬になると多くのシロサケ親魚が遡上して、橋の上などからでも気軽に見られる産卵の光景が、秋の風物詩となっていた。しかしながらここ数年、この川ではご多分に漏れず回帰親魚がほぼ壊滅状態となっており、市民からはこの先もう二度とシロサケを見ることはできないのでは、といった嘆きの声も聞かれる。

一方、北太平洋全域を俯瞰してみると、じつは太平洋サケの全体の資源量は横ばい、もしくは若干の増加傾向が見られている。つまり、著者などは仙台にいるので、悲観的になりがちであるが、北太平洋を広域で見た場合のサケの生息環境はほとんど変化しておらず、わずかに日本の本州に連なる一部の水域の資源だけがシュリンクしたに過ぎないとみなされる。

したがって、(希望的観測をするならば)、おそらくシロサケの生息域の南限にあたる日本の本州では古来、こうしてサケ類の分布範囲や資源量があたかも張り出したベロのように進展と収縮を繰り返しており、今後の暖水塊の挙動の如何によっては再びシロサケが戻ってくる可能性も十分にあると考えられる。

ただし、それがいつになるかは分からないので、それまでの間は従来の種苗の大量生産、大量放流のみに依存せず、わずかな、それでいて本来の天然魚の性質を帯びた回帰親魚の自然産卵環境を手厚く保護することも重要になると思っている。

写真は３点とも北海道のシロサケと河川（サケマス有効利用調査）、海岸線の釣り風景。道内では秋の風物詩だが近年は沖合のサケが不漁でブリが漁獲されるなど変化が起きている

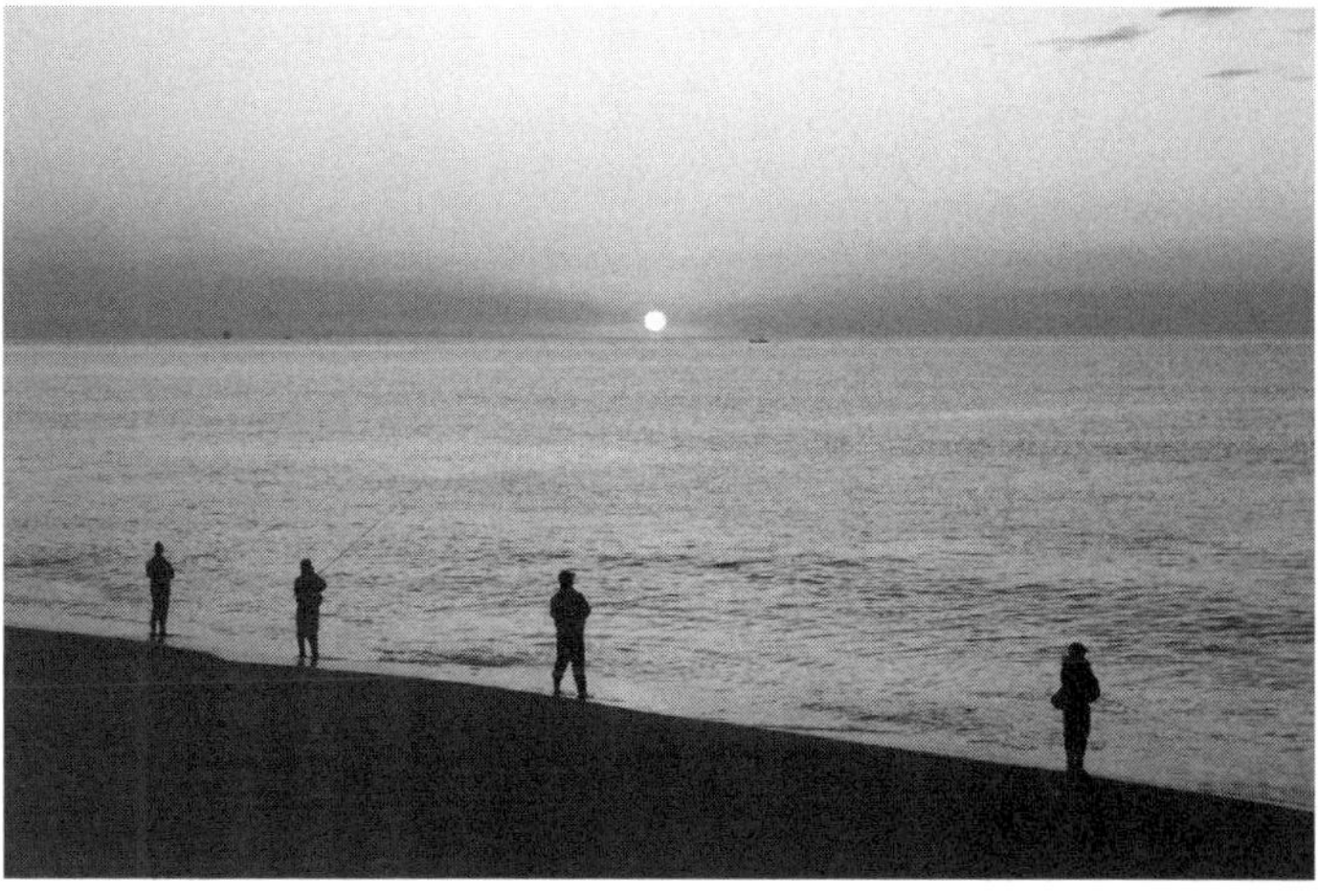

Question 07

大水が出ると本当に魚は死んでしまう？

Q 大型台風によって川が荒れ、魚が少なくなった小渓流や沢が近年増えている感覚があります。とはいえ、そもそも水に生きる魚たちが大水で死んでしまうとも思えないのですが、実際のところ極端な大水、長引く濁りでその沢から魚が消えてしまうことはあり得るのでしょうか（東京都在住・47歳）。

昨今、台風の影響についてはそれによってもたらされる大水や濁りなどの直接的な要因と、台風以降も影を落とし続ける間接的な要因に分けて捉えたほうがいいと思っています。

まず、台風が襲来している最中ですが、この間の大水（増水）や濁りといった直接的な要因で魚が死んだり、減ったりしてしまうことは基本的にはない、と考えています。たとえば、増水は川岸から見ていると多くの魚たちが押し流されてしまうかのごとく過酷な状況に映りますが、水中ではそれなりに流速が遅い箇所や反転流、障害物裏の緩流部などが残存、あるいは出現するため、ある程度の遊泳能力を持った稚魚や成魚が流れに負けてしまうことはほとんどないと考えられます。また、本流域に生息するイワナやヤマメが増水に直面した場合、それらの一部は脇から流入する支流や川岸の分流、ワンドなどに避難してやり過ごすことも分かっています。

また台風による増水の際、川の水は濃いカフェラテ色に濁りますが、渓流域の場合、濁りの成分の多くは比較的粒子が大きな砂粒や植物片などで構成されており、これらが原因で魚のエラが目詰まりして窒息死するといったこともありません。

ですが、実際には近年、大水で魚の個体数やエサとなる水生昆虫の現存量が少なくなっている渓があるのもまた、事実かと思います。それはなぜでしょうか。

1つには、前述したような直接的な増水、濁りの影響ではなく、人為的に引き起こされた河川環境の変化が間接的な影響を及ぼしている可能性が考えられます。たとえば、過去の工事によって河岸がコンクリート護岸などで直線化されていたり、河道内にあった大岩や砂礫が工事等によって取り除かれたりしている場合、あるいは増水時のエスケープゾーンとなるはずの支流の河口に堰堤や砂防ダムが構築されていて遡河がブロックされている場合、ヤマメやイワナは増水の流れに抗うことができず、より下流へと押し流される可能性が生じます。

また、もしもこれらの魚が生息する流域に砂防ダムや堰堤が設置されていて、それらに魚道が付けられていない場合、増水によって堤体の下流側に流下してしまったヤマメやイワナは再び上流に戻ることができず、堰堤の上流に取り残された個体群は縮小（shrink）する可能性が高くなります。最悪の場合は堰堤の上流に残された少数の親魚が産卵（交配）を繰り返すことによってこの集団の遺伝的多様性が失なわれてしまうこともあり得ます。仮にそうなった場合、集団内では見かけ上はそれなりに個体数が維持されていても不意の環境変化に対応するための充分な遺伝的多様性が担保されていないため、突発的に個体数が激減してしまうリスクも高くなると考えられます。

増水時は川底の石が魚たちの避難場所になっているはず。また、こうした岩や砂礫は魚だけでなく水生昆虫の棲家にもなっている

爆弾低気圧の発生で一気に増水した渓流。ひどい濁りに見舞われたが、だからといって魚が窒息するようなことは考えにくい

災害級の激しい大水の爪痕。それでも渓魚は生命をつないでゆく

一方、増水の間接的影響はヤマメやイワナだけではなく、河川内の諸々の環境にも暗い影を落とすと考えられます。たとえば、増水の際には水流による浸食作用によって流域の岩や砂礫が下流へと流失します。台風の後、それまで目印としていたひと抱えもある大岩や、ヤマメ・イワナの付き場となっていた石がなくなっていたというのは、よく聞く話です。

ただ、流域全体で見ると、ある区間から流失が起こる一方、その上流側でも新たな砂礫の流失（＝供給）が起こるため、結果的にはある区間の砂礫の総量はさほど変わらない、というのが本来の川の姿です。またこうして一定の頻度で起こる砂礫の流失と供給は、定期的にその区間の砂礫を入れ替えることによって川の新陳代謝を高めることにもなります。すなわち、供給された直後の砂礫は充分な空隙を保った浮き石（多孔性）の状態であるため、ヤマメやイワナはもちろんのこと、彼らのエサとなるトビケラやカゲロウ、カワゲラなどの水生昆虫にも膨大な生息空間を提供し、双方の資源の増殖に寄与することになります。

ところが、流域に砂防ダムや大規模堰堤が置かれている場合、その下流では砂礫が流出する一方、上流からの健全な砂礫の供給が滞るために河床が低下してしまい、最悪の場合には岩盤がむき出しの状態になってしまうケースも多々みられています。また、仮にそこまでいかない場合でも、砂礫の供給が受けられない区間では河床の砂礫の一方的な流失（洗掘）が起こり、河道の流動性が失なわれてしまいます。こうして、本来の砂礫の流失と供給のバランスがとれなくなった区間ではヤマメやイワナの重要なエサとなる水生生物の生息空間も減少してしまい、魚類、水生昆虫類の双方の減少に歯止めがかからなくなることも懸念されます。

このような環境の問題が現に生じている河川では、問題のすべてを一挙に解決することは難しいのが実情です。ですが、まずはイワナやヤマメの個体数の減少を食い止めることを目指すのであれば、短期的には「増水で流下してしまったイワナやヤマメがあった場合でも再び上流に遡河できるための流路（魚道）を確保しておく」こと、また中~長期的には「河床の砂礫の流失と供給のバランスが健全に保たれるように工夫する」ことが重要だと思っています。

そのためには、既存の砂防ダムや堰堤といった河川横断構造物の治水、防水機能はそのまま保持しつつも、河道内の砂礫の新陳代謝を促進するためのスリット化を促進することが効果的な一手だろうと考えています。そうすることで、エサ環境が改善され、渓魚の収容力が安定することが期待できます。

Question 08

渓魚の体色はなぜ川底の色に似ている

Q ヤマメやイワナの体色は、川底（底石や地質などのテクスチャー）に影響されると聞いたことがあります。それは本当でしょうか。また、それが本当だとして、なぜ川底の色に似せようとするのでしょうか（宮城県在住・37歳）。

はい、本当です。ヤマメやイワナなどのサケ科魚類の体色は基本的には自身の背景の影響によってある程度決まっており、かつ、カメレオンほどではありませんが、比較的短時間で体色を変化（微調整）させることもできます。

『鱒の森』2019年9月号では、彼らが自身の背景を視覚的に認識して体色を変化させ得ること、体色の変化は体表の細胞内にあるメラニンなどの色素を含む複数種の色素顆粒を増減、ないしは凝集・拡散させることで行なわれること、色素顆粒は数分のオーダーで凝集、拡散し得ること、短期的な凝集や拡散はMCH（メラニン凝集ホルモン＝凝集）やMSH（黒色素胞刺激ホルモン＝拡散）といったホルモンなどによって制御されることを述べました。そこでここでは前回は触れていなかった体色の種類やその発色機構、またなぜ彼らがさまざまに体色を変化させるのかといった戦略の部分を中心に見てゆきます。

まず、川の上流域で生まれたヤマメやイワナの稚魚の場合は、自身の体色（地色）を川底の砂礫等の背景に合わせて暗褐色にし、そのうえにパーマークや黒点を発現しており、さらには背景の明度に応じて体色の明暗を数分間のオーダーで変化させることが知られています。こうした変化は、おもに体表の細胞に分布している黒色系の色素（メラニンが含まれた色素顆粒等）によって起こることが分かっています。

一方、ヤマメやイワナの一部は孵化から数年後に銀化魚（スモルト）となり、川から海への回遊（降河回遊）を行ないますが、その際にはこれらの魚の体表、特に腹部にグアニンと呼ばれる銀白色系の光沢のある色素がびっしりと敷き詰められた状態となります。この銀白色の体色の準備には通常、数週間の期間が必要となります。

また、これらの銀化魚が産卵親魚となって海から川に母川回帰してくると、今度は赤色を呈するカロテノイド系の色素が体表に多く分布し、鮮やかな婚姻色を呈するようになります。この体色の変化にも、やはり数週間の準備期間が必要となります。

では次に、これら3者（稚魚、銀化魚、産卵親魚）の体色の、戦略的な意味について考えてゆきます。まず、ヤマメやイワナの稚魚の体色、ならびに体色変化は基本的には外敵から身を守るためのカムフラージュとして機能していると考えられます。そのため、ヤマメ、イワナを含む多くのサケ科魚類の稚魚の体色は一般的には体表にパーマークや多数の黒点がちりばめられた幾何学的模様となっています。前述のとおり、この体色は稚魚が産卵床の砂利の隙間から浮上してきた際に背景である川底のテクスチャーにうまく溶け込み、外敵からの捕食や攻撃のリスクを軽減する機能を果たしていると考えられます。ただ、こうした基本体色だけでは周囲の砂礫の色調とミスマッチが生じる場合もありますので、追加の調節機構として前述した明暗

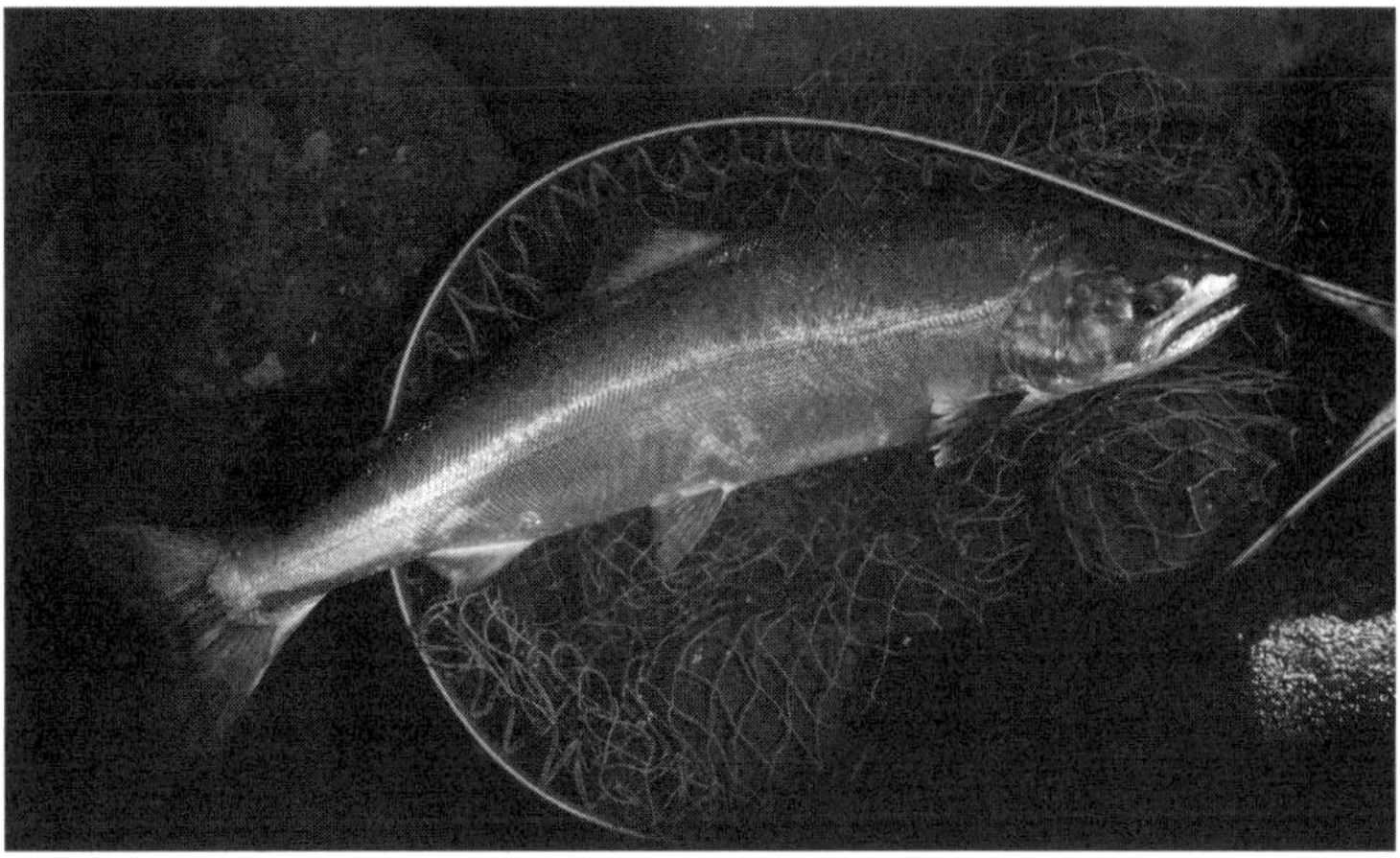

サクラマスや本流ヤマメの銀白色化も、外敵から身を守るためのカムフラージュ体色として機能していると考えられる

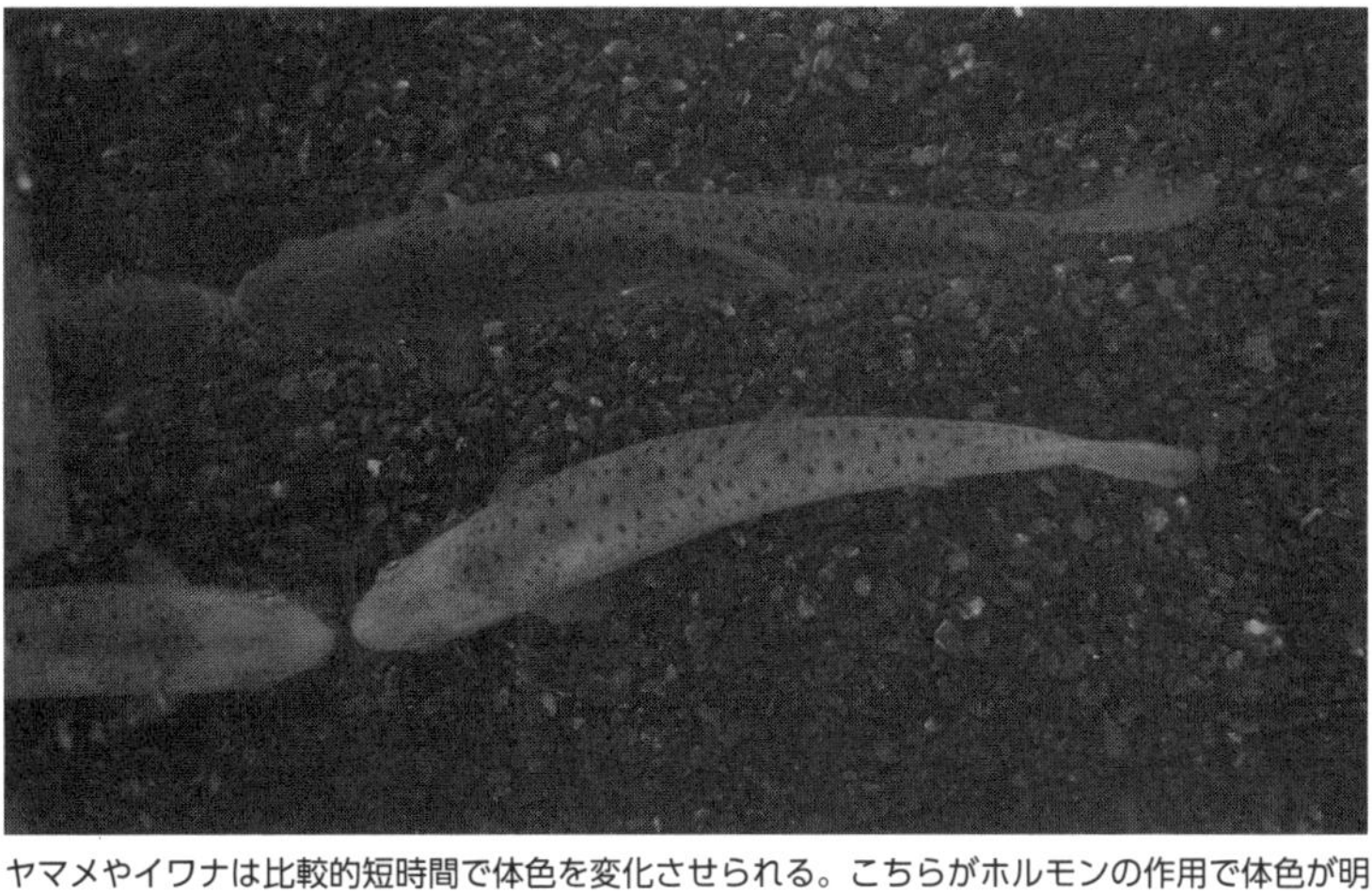

ヤマメやイワナは比較的短時間で体色を変化させられる。こちらがホルモンの作用で体色が明るくなったヤマメ（下）と通常のヤマメ（上）

の微調節が行なわれるものと考えられます。また、稚魚は産卵床から浮上した後は徐々に摂餌活動を活発化させてゆき、やがて岩や倒木といった障害物の周りに摂餌縄張りを形成するようになりますが、その際にも背景の色調や光量などに応じて体色の明暗が微調整されると考えられます。

なお余談ですが、ヤマメの一部はこうした短期的な体色の明暗調節に加えて、黒点の数や大きさを成長に応じて変化させることも分かっています。この夏、私は同じヤマメを数週間の間に2回釣るという経験をしていますが、写真を見比べてみると頭部の黒点の個数や位置がやや変化したように見えました。またこれとは別の長期間の飼育実験では黒点だけでなく、パーマークが増えた個体も見つかっています。

次に、銀化魚の体色について考えます。これも以前に一度触れていますので、簡単に述べるに留めますが、体色の銀白色化も基本的には稚魚（スモルト）が背景に溶け込み、外敵から身を守るためのカムフラージュ体色として機能していると考えられます。では、この時にスモルトが溶け込もうとしている背景はなにかというと、それは、周囲の水塊（水柱）だと考えられます。その結果、スモルトとなった稚魚は川から海や湖に降りた際にも外敵からの捕食や攻撃をある程度回避できるようになると考えられます。ちなみに、より細かく言えばスモルトの体色は腹部側が銀白色であるのに対して、背側は濃紺色の逆影となっています。こうすることで、彼らは海中（海底側）から見れば水面の波のキラメキに溶け込み、上空の海鳥の目線からは海面の紺色に溶け込んで見えると考えられます。

なお、以前も述べましたが、私個人はこの逆影の体色はヤマメやイワナが実際には行くかどうか定かではない海や湖での回遊のために行なっているものではなく、本質的には川の中（本流域）で暮らし続けるための、別バージョンの（新たな）体色として発現しているのではないかと考えています。なぜなら、ヤマメは本質的には終生の河川生活を志向し、最終的には川で産卵を行なうことを目指す魚種ですので、河川残留型の稚魚から派生する銀化魚もまた基本的には（本流域で）河川生活を続けることを志向しており、そのためのカムフラージュ体色として銀白色化を起こしていると考えるほうが理にかなうからです。

それを実践（具現化）しているのがいわゆる本流ヤマメであり、個体数は比較的少ないものの、じつは銀白色化する個体の中では本流ヤマメのほうが本道であり、本流ヤマメになってもなお川に留まれずに海にまで降りるようになったのが降海型のサクラマスである可能性を考えています。

最後に、海から川に母川回帰した産卵親魚の体色についても、簡単に述べます。結論から言うと、これらの魚が呈する婚姻色は、たとえばカラフトマスの派手さからも類推できるように、稚魚や銀化魚のようなカムフラージュ体色（防衛戦略）とは一線を画しており、そのほとんどは繁殖戦略の表われとして発現しているものと考えられます。このことからも、サケ科魚類の親魚はカムフラージュ効果を捨て、外敵に身をさらけだしてでも繁殖活動を成功させることを最優先しており、それだけアグレッシブになっている状態なのだと考えられます。

Question 09

増水の川で魚は小石を食べるのか

Q 大水の後、釣れたヤマメやイワナのお腹を触ってみると妙に出っ張っていて、ゴツゴツしていることがあります。なかには「流されないために小石を食べて、重しにしている」などと言う人もいるようですが、それは本当でしょうか。そうでない場合、なぜお腹がゴツゴツしている魚が大水の後に釣れるのでしょうか（秋田県在住・43歳）。

ヤマメ（おそらくイワナも）が増水などのタイミングで小石を飲み込む現象は、わりとよく起こることだと思っています。私の場合はこの現象を栃木県中禅寺湖の流入河川で何回か見ました。

当時、中禅寺湖の流入河川に放流されているホンマス（100年以上前に中禅寺湖に持ち込まれたビワマスとサクラマスのハイブリッドの子孫）の養殖稚魚が流入河川でどの程度の摂餌能力を発揮できているのかを調べるため、ホンマスの天然稚魚が生息している西岸の流入河川に同じサイズの養殖稚魚を放流し、定期的に両者をサンプリングして胃内容物を比較する実験を行なっていました。

本題からは脱線しますが、予想どおり、養殖ホンマスの稚魚（放流魚）は川に放流された直後には上手にエサを捕ることができず、胃の中のエサの総重量（胃充満度）は同じエリアの天然稚魚よりも少ない日が数週間にわたって続きました。しかし、やがて放流魚の多くは摂餌スキルを向上させ、おおよそ2ヵ月で天然稚魚と同等の胃充満度にまで達することが分かりました。

この結果から、養殖トラウトの稚魚の摂餌能力は基本的に天然稚魚よりも劣っているものの、しばらくすると天然魚と同等のレベルまでスキルを向上させる個体が出てくるものと考えられます。また、一連の結果は、事前に養殖稚魚の摂餌スキルを一定レベルまで高めて（訓練して）おいてから放流すれば、より効率的な放流事業が可能になる可能性を示しています。

さて、本題に戻ります。一連のサンプリング調査を計画どおりに行なっていると、どうしても雨などで川が増水したタイミングで稚魚を採らざるを得ない日がでてきます。その場合、特に濁りを伴う増水の日にはご指摘にあった、お腹がゴツゴツと出っ張った稚魚が養殖魚、天然魚を問わず捕れることがありました。これらの魚を解剖し、胃内容物を取り出して観察してみると、水生昆虫などの生物に混ざって複数の小石が出てきたことを覚えています。

ただ、一言で小石と言っても、そこにはある種の傾向も見られました。まず、全長10㎝程度のホンマスの稚魚の場合は、概ね直径1～3㎜程度の丸っこい、表面がスベスベした石を多く飲み込んでいるようでした。また、河床の小石にはさまざまなカラーバリエーションがあるはずですが、稚魚の胃の中からはどちらかというと光沢がある白色系の小石が多く出てきました。これらの結果から、ホンマスの稚魚は小石のサイズと質感、色をある程度は選択しながら口に入れていたと考えられます。

では、それが意味するところは何でしょうか。まず、小石を重しとして飲む、という可能性ですが、もし重しにするだけなら、必ずしも小石の色までは選ぶ必要はないと考えられます。

また、これは別の視点ですが、そもそも増水に翻弄されないようにするのが目的であれば、小石を重しとして体を鈍重にするよりは、むしろ身軽にしておいて遊泳能力を確保するほうがよりフレキシブルな対応が可能になるのではないかと、個人的には思っています。これについてもいずれ、実験で試してみたいと思います。

一方、前述のようにホンマスの稚魚では小石の色がある程度選択されていたことから、別の仮説としては稚魚が白色系の石を何らかのエサと誤認して飲み込んでいる可能性も考えられます。ただ、この種の小石が本物のどのエサと似ているかを考えると、この説の可能性も必ずしも高くないようには思えてきます。

もしこじつけるとしたら、以前、山梨県桂川（忍野エリア）ではあらゆる擬似餌を見切る百戦錬磨の40㎝級の超大型のヤマメがいて、私も毎週のようにねらいに行っていましたが、じつはこの魚がおにぎりの米粒にだけはよく反応する、という話を聞いたことがあります。もしかするとトラウトの一部は本能的に白色系の粒状の物体（ブドウ虫やサシのような幼虫に似ている？）にリアクションしてしまうことがあるのかもしれません。

そういえば以前、別の川では白色系（半透明）の植物の種子を食べていたヤマメを見たこともありました。さらに付け加えると、中学生の頃に奥多摩湖で釣ったニジマスの腹が異様に膨れており、胃の中からはタバコのフィルターがどっさり出てきたことがありました。その時は、このニジマスはよほど空腹だったのだろうと思い、受け流していましたが、よく考えると空腹だからとはいえ栄養価のないタバコのフィルターばかりを食べる理由にはなっておらず、もしかするとこれも白に対するリアクション的な反応だったのかもしれません。

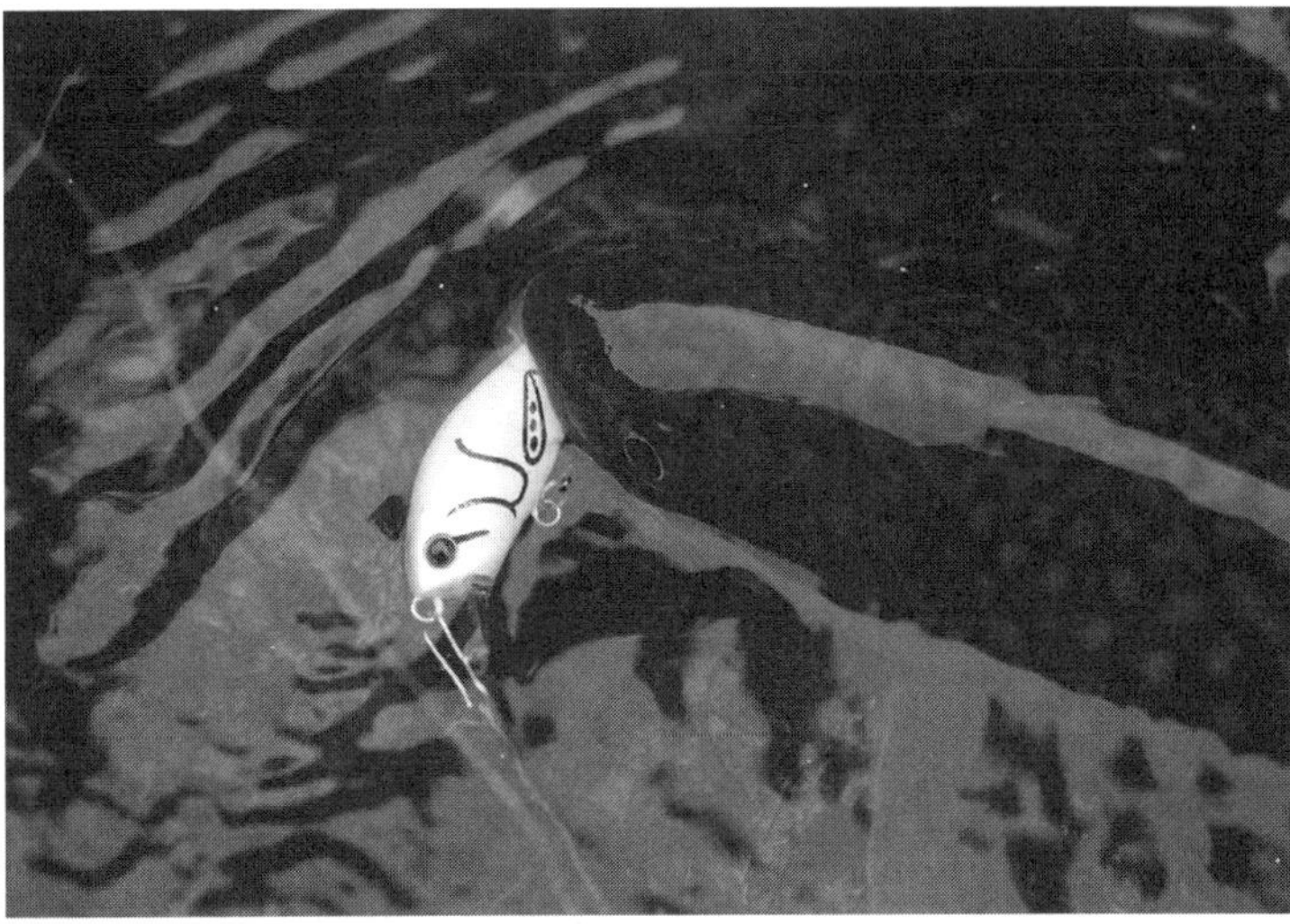

白いミノーにかじりついたイワナ。クリアウオーターでもササニゴリでも、白色は状況を問わず釣れるカラーだというエキスパートは、じつは多い。魚の何かを刺激しリアクションで食べてしまうのだろうか

増水後の川で釣れたお腹の大きなイワナ。食欲旺盛な魚だったので単にエサをたくさん捕食していただけかもしれないが、妙にゴツゴツしていた

Question 10

奇形と思しきイワナはなぜ大きくなれる

Q たまにヒレの片方が欠損していたり、体が曲がっていたりというような、「奇形か？」と思われるイワナが釣れることがありますが、そういう魚は不思議とそれなりに大きな個体が多いように感じます。生存競争を勝ち抜くうえでは不利なはずなのに、なぜ大きくなれたのでしょうか。ひょっとして、賢い個体なのかな？　と勝手に想像しています（北海道在住・53歳）。

私も以前、秋田県の川で背骨が弓なりに曲がった、結構な大きさのイワナを釣ったことがあります。もしかするとこの魚は放流された養殖魚かとも思いますが、それとは別の調査では、種苗放流が一切行なわれていないとされる川で同じようなイワナを網で捕獲したことがありますので、天然魚でもある程度の頻度でこうした個体が現われると思っています。

さて、ご指摘のように、ヒレが欠損している魚や、背骨に異常が生じている魚は基本的には自然界で長期間生き残ることは難しいと言われます。なぜならば、これらの魚はフィジカルに遊泳行動に難が生じることでエサが上手にとれなくなり、成長不良や、最悪の場合には飢餓状態に陥る可能性が高まると推察されるからです。また、それ以上にこうした個体は、水鳥などの外敵（捕食者）に襲われた際に上手く逃避（自己防衛）することができず、彼らに捕食されてしまう可能性が高くなることも考えられます。つまり、身体にこうした違いが生じているトラウトたちは、生物の重要案件である「摂餌」と「防衛」のどちらか、あるいは双方になんらかのハンディーが生じ、その分だけ生存率が低下すると考えられます。

また、たとえばニジマスやメダカなど、いくつかの魚類では体表の暗色系の色素が発現しなくなる突然変異（アルビノ化）によって、全身が黄色の、非常に目立つ稚魚が誕生することが

片方の胸ビレが欠損している源流の尺イワナ。どうやって厳しい競争を生き抜いてきたのだろうか

以前にも『鱒の森』で紹介したことがある、坂下武彦さんが釣りあげた湖のアメマス。70㎝を超える大ものだった

知られています。こうした個体は摂餌面ではさほど深刻なデメリットを生じないかもしれませんが、防衛面では外敵に目をつけられやすくなるという、かなり深刻なハンディーを背負うことになります。そのため、じつはアルビノのニジマスやメダカは養殖場だけでなく、自然界でも一定の割合で生まれているものの、その多くが成魚になる前に外敵に捕食されてしまうため、川で我々の目に触れる機会が限りなくゼロに近くなると考えられています。

さて、このように、一般的には身体に何らかの異常がある個体は他の個体よりも長生きすることが難しくなると考えられます。しかし、あくまでもそれは一般論でもあり、やや偏った見方といってもいいかもしれません。なぜなら、イワナなどの魚類では前述したようなヒレの欠損や背骨の曲がり、体色の変化だけでなく、じつは口器の形や向き、尾ビレの大きさ、コンディションファクター（体長に対する体重の割合）といった、さまざまな形態にも個体ごとのバリエーションが生じていることがあるからです。

たとえばこれらの形態の変化のうち、口器がやや下向きになっている個体は他の個体よりも川底のエサを採ることに長けていることが分かっています。つまり、我々の目線からはヒレの欠損や背骨の変形といったネガティブな変化に眼がいきがちですが、じつはこうした個体の中にはその他の部位にも同時に何らかの（ポジティブな）形態の変化が起こっている場合があり、それらの特徴次第ではネガティブな形態変化の影響をカバー（相殺）、あるいは凌駕しているケースもあると考えています。つまり、形態のバリエーションの組み合わせしだいではご指摘にあったようなイワナでも充分に長生きし、大型化することもあり得ると考えられます。

また、質問にありましたように、多くのトラウトでは身体の特徴だけでなく、性質（性格）

においても、攻撃的、保守的、利口、奥手といったもろもろのバリエーションが生じることが実験的に示されています。つまり、こうした性質を加味すると、前述した魚体に違いがある個体であっても卓越した行動力や英知を武器に過酷な生存競争を生き抜くことができる、といったストーリーも考えられます。

数十年前、祖母の家には60㎝水槽があり、10尾ほどのキンギョが飼われていましたが、そのうちの1尾は浮き袋に異常があったのか、大抵はひっくり返った状態で水面付近を泳いでいました。子ども心に、このキンギョは来年までもたないだろうと思っていましたが、翌年の夏休み、この魚は一回り大きくなって、生き続けていました。よく見ていると、このキンギョはエサがばらまかれた際に他のどの魚よりも早く水面に達し（もともと水面付近にいるので）、他のキンギョよりも多くのエサを食べている（口を動かすだけで効率よくエサが入ってくる）ようでした。これなども、自身の魚体のハンディーを別の何らかの手段でうまく克服している例だと思われます。

ただし、あくまでもこれは潤沢にエサがもらえる水槽内での話であって、自然界でこうした現象（逆転劇）が起こるのは、ごく希だと思われます。そういう意味では私も今後、ヒレが欠損したり、背中が曲がったりしている魚に対しても敬意を払い、美形のトラウトたちと同様、写真などの記録に残していきたいと思いました。

Question 11

どうして魚はヨレが好き？

Q よく渓流魚は流れの「ヨレ」に付くと言われますが、なぜ彼らはそれを好むのでしょうか。また、川底が砂の淵ではあまり釣れた記憶がない一方で、岩が転がっている淵は魚が多くいる気がします。水深があったとしても砂場に魚が少なくなる理由は何が考えられますか（北海道在住・51歳）。

一般に、渓流魚（イワナ、ヤマメ）の稚魚や成魚の多くが川の中で特定のエリアに定位し、時にその周囲を縄張りとして維持（死守）しようとするのは、生物学的には摂餌と（自己）防衛のためだと考えられます。

まず、彼らが生きるうえで重要な課題となっているのは、なるべく多くのエサをとって成長し、万全な状態で産卵活動に臨むことです。そのためには自分の生息エリアの中でも最もエサが多くあり、かつそれらを効率的に採れる場所に定位することが絶対目標となります。こうした好条件の場所を奪い合い、維持するため、イワナやヤマメはさまざまな縄張り行動を発動しています。

渓流域ではおもに水生昆虫と陸生昆虫、時に（弱った）小魚などがヤマメやイワナのエサとなります。それらの内、水生昆虫は通常であれば水中の礫の裏や砂の中などに隠れて暮らして

水面を流れてきたバッタルアーにバイトしてきたイワナ。彼らは効率よくエサを捕食できる流れの筋に注目している

底が砂地の淵では魚が身を寄せるのに適した場所が限られるため、特に流れのヨレや変化がねらいめとなるはず

いるため、渓流魚にとってはいつでも手が出せるエサアイテムというわけではありません。最大のチャンスが訪れるのは、増水などのなんらかのアクシデントでこれらの生物が本来の住処から流されてしまう時になります。陸生（落下）昆虫、小魚に関してもほぼ同様で、陸生昆虫は落下して川を流されている最中、また小魚も弱って川を流されている時が最も食べやすいタイミングとなります。

これらの、水中または水面を流れてくるエサを効率よく捕食するためには、流れが絞りこまれ、エサアイテムが集約（凝集）され得る流れ込みの流心部の先頭で待ち構えるのがベターだと考えられます。ただし、常に流心部にい続けると今度はエサを待っている間に体力を消耗し、マイナス成長となってしまいますので、多くの渓流魚はいつでもエサにアクセスできる流心の脇（ヨレ）で待ち構えることが多いのだと考えられます。

一方、生物にとっては、摂餌活動以上に防衛が重要となります。なぜなら、防衛に失敗することは即、死を意味するからです。このことからも、上記の魚たちはただ摂餌にとって最適なだけでなく、自分が外敵に襲われた際には自分の身を守ることができる場所も、同時に選択していると考えられます。

そのような視点に立った時にも、流心の脇の「ヨレ」は、白泡などが外敵の目線を遮りやすく、比較的好適な隠れ場所にもなると考えられます。また、これは推測ですが、最悪の場合は流心の流れに乗って速やかに下流方向に脱出（逃避）することや、あるいは分厚い流心の流れを盾（シールド）にして外敵からの追撃をかわすことができるといった利点もあるのではないかと思っています。

ダイナミックな渓相。手前側の流れに大きなヨレができている

次に、後半の質問についてですが、これについても、ほぼ同様の説明ができるかと思います。すなわち、淵の中に岩や礫がごろごろ転がっているような場所では、そうではない場所に比べてより多くの水生昆虫や小魚に生息空間（空隙）が提供されます。こうした環境のことを、私は「河床の多孔性」と称していますが、このような場所は渓魚たちにとっても摂餌のチャンスが訪れやすいため、定位場所としても好まれるのだろうと思っています。また、こうした多孔性の空間は、エサ生物だけでなく、渓流魚たちの隠れ家としても格好の空間を提供することになります。

以上のことを総合しますと、釣りをする際には水中に岩や礫がゴロゴロと積み重なっている淵の流れ込みの流心の「ヨレ」は、外せない好ポイントだと考えられますので、早速今度試しに行ってみたいと思います。

Question 12

サクラマスの遡上量は毎年なぜ違う

Q サクラマスがその川に帰ってくる量は毎年変化していますが、それはなぜ起こるのかが知りたいです。また、遡上量が極端に少ない年が続いた場合、その川のサクラマスが最終的にいなくなってしまうことはあり得るのでしょうか（宮城県在住・38歳）。

サクラマスの資源変動、気になります。これまでの漁獲量の推移から類推する限り、降海型サクラマスの資源量はここ数十年で減少の一途を辿っており、残念ながら長期的にはそれは今も進行中とみなされます。

しかし、こうした減少のプロセスを傍観するだけではなく、まずは今現在、資源の減少を引き起こしている要因を突き止めることが重要であることは、言うまでもありません。そうすることでこれ以上の資源減少を食い止めるアイデアを案出し、将来的には資源増殖の方向へと舵を切り直す（反転攻勢へのきっかけをつかむ）こともできると考えています。ただ、じつはサクラマスでは資源減少のメカニズムに関する研究についても、他の魚類に比べて大きく出遅れているのが実情です。そこでここでは他のサケ科魚類の知見も織り交ぜつつ、いくつかの推論を試みます。

最初に、河川における資源減少の要因についてです。たとえばこれは、オレゴン州のスチールヘッドトラウトの銀化魚の場合ですが、川の上流域で音波発信器を装着してリリースされた実験魚のうち、最終的に海に降りたことが確認されたのは全体の約3分の1だった、というデータがあります。つまり、川から海への降河回遊を行なう過程だけで、半数以上の銀化魚が減耗してしまう可能性があります。ただ、数値的にはこれでも高いほうだと、私は思っています。なぜなら、この川には砂防ダムや取水堰、護岸といった人工工作物がまったくと言ってよいほど設置されていないからです。

そのため、この川での最大の資源減少の要因はおそらくはプレデター（サケ科魚を含む魚食性の魚類、鳥類、海獣類）による捕食と自然死だと推察されます。なお、北米では銀化魚をねらった遊漁はほとんど行なわれていないので、漁獲圧は資源減少の要因にはなっていないと思われます。

一方、私たちが仙台広瀬川のサクラマスの秋銀化魚で同様の実験を行なったところ、海に降りる実験魚の割合は、かなり低い値（10分の1以下）と見積もられました。広瀬川の場合、中～下流域には合わせて4つの取水用の堰堤が設置されており、それらのうちの複数では降河回遊型の魚が取水口に迷入（死滅回遊）することが関係していると考えています。また、実験魚の放流地点よりも上流の堰堤やダムでも相応の取水が行なわれているため、広瀬川では取水口への迷入、プレデターによる捕食、自然死、さらには流量の減少が迷入や捕食に拍車をかけるといった構図が考えられます。なお、広瀬川では秋降海型の降河期間は禁漁期間ですが、一般の春降海型のサクラマスが見られる河川では遊漁による漁獲圧も減耗要因に加わることになります。

このように、降河回遊行動（移動）には多大なリスクがつきまとうことが見てとれますが、実際には降河回遊期以前、すなわち孵化から降河回遊期に至るまでの間にも相当数の稚魚が減耗しますので、残念ながら川から海に降りるまでの間にはすでにかなりの資源減少が起こってしまうことになります。

では、海に降りてしまえば安泰か、というと、じつは、条件はさらに過酷になると考えられます。プレデターの種類や数は川よりも増え、それでいて川の時のように岩陰や倒木といった顕著な隠れ場所もほとんどないため、時には一網打尽に群れが減耗することもあるかもしれません。

また、回遊の距離と範囲、期間も川とは比べものになりません。特に海での回遊の間、太平洋側のサクラマスは往路で親潮を逆行し、日本海側では復路で対馬暖流を逆行しなくてはならず、その分のエネルギー消費とタイムロスもこれらに加わると考えられます。また近年、シロサケなどでは日本近海に出現した暖水塊によって回遊行動に直接、間接的な影響が及ぶことで資源量が激減している可能性が指摘されはじめており、これがサクラマスにとっても無関係ではないだろうと思っています。

以上のように、サクラマスが川で孵化をして海に降り、再び自分が産まれた川に戻って産卵するまでの間にはいくつもの苛烈な関門があり、それらの一つ一つで一定割合の減耗が起こることが、彼らの宿命となっています。

これは、限りなく人工構造物が少ない川や平均的な海況の海であっても起こることですから、ましてやここに取水による渇水やカワウの襲来、暖水塊の出現、海水温上昇に伴う暖水系プレデターの進出、といったイレギュラーな要因が加わることで時には例年以上の深刻な資源減少

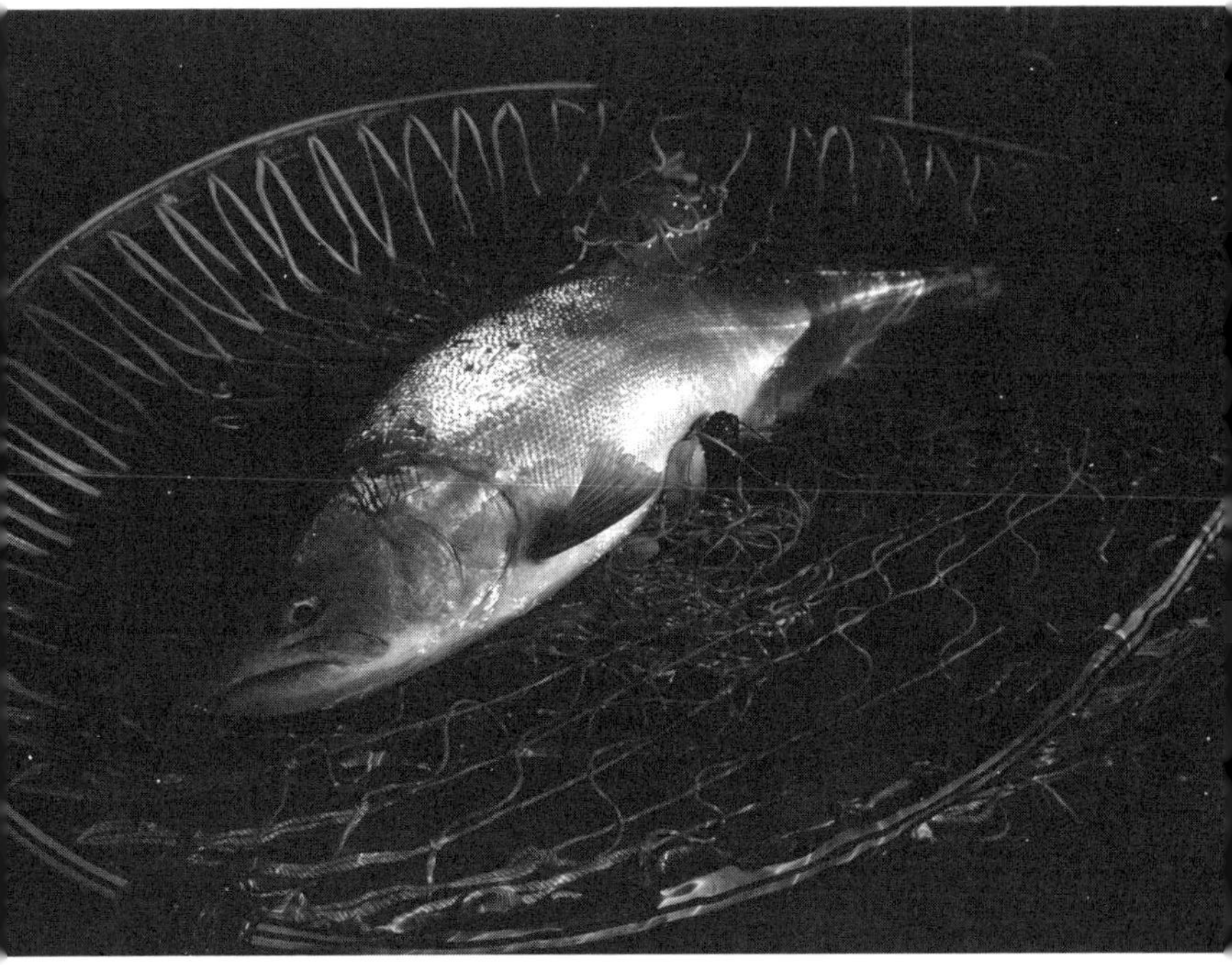

遡上量が少ない年でもサクラマスそのものが川から消滅してしまうことは考えにくい。
むしろ遡上した個体数の少なさが、稚魚の成長に好影響を与えることもある

が起こってしまうのが、現在の状況だと思われます。たとえば、広瀬川ではその年の降河期のピーク時に一定の流量があって取水堰が越流しているか否か（取水口への迷入が抑制されるか否か）が、海に降りる銀化魚の数を大きく左右すると考えられます。要は、たった1回の雨によってもその年の資源量は大きく変動し得る、ということです。

なお、後半の質問についてですが、サクラマスの遡上親魚の数が極端に減らない限りは、以降の資源量にはさほど深刻な影響は及ばないと考えられます。むろん、そのためにはいくつかの条件が整っている必要がありますが、基本的にはサクラマスの孵化稚魚の資源量はその年の産卵数（加入数）もさることながら、その川の環境の収容力（キャパシティー・摂餌環境）によって上限が規定されると考えています。裏を返せば、サクラマスが大量に遡上して産卵がすべて成功したとしても、結局、育つことが出来る稚魚の数（上限）はこのキャパシティー内ということになります。ですので、海に降りる銀化魚の数は各年であまり急激に増えることはないと考えられます。

また、かりにある年の産卵数（加入数）が極端に少なければ、その時にはむしろ各稚魚がキャパシティーを潤沢に利用することで生息条件が好転するため、多くの稚魚がより健全な親魚となってその次の世代の資源増加に寄与する可能性が高まると考えられます。つまり、本来の生態系であれば、多少の資源の増減は数世代の間に吸収され、長期的には資源量がおおよそ一定の範囲内で安定する仕掛けになっていると考えられます。ですが、これはあくまでもサクラマスの生息域の環境条件が良好な場合であって、実際はそうはなっていないので、一度資源が減ってしまうとなかなか復元しない悪循環が続いているのだろうと考えています。

Question 13

どうしてトラウトの婚姻色は派手なのか

Q イトウ、ベニザケ、ヤマメなど、成熟すると赤くなる魚がいます。産卵に向かうことを考えると、むしろ外敵に見つけられやすくなり、成長戦略的にマイナスなのでは？　と思うのですが、なぜトラウトの婚姻色は派手になるのでしょうか（北海道在住・48歳）。

以前の本連載でサケ科魚類の成長期の戦略（成長戦略）について触れましたが、今回はそこに繁殖戦略も加えて、あらためてサケ科魚類の全生活史の戦略を通しで概観したいと思います。

さて、Q11ではサケ科魚類の稚魚期から成魚期にかけての成長期の（戦略的）目的が、主に摂餌と防衛の2本柱で構成されていると述べました。これは、稚魚が成長して成魚になるためには充分なエサ（エネルギー）を得ることが必須であると同時に、成長を成し遂げるためにはそもそも論としてその間、外敵に捕食されずに生き残ることが重要だからだと考えられます。

故に、稚魚期から成魚期にかけてのイワナやヤマメは、単にエサが捕れるだけでなく、外敵に襲われた際には安全に身を隠すことができる場所や、瞬時に敵から離脱できるような場所に自身のテリトリーを構えようと腐心すると考えられます。ちなみに、摂餌と防衛を天秤にかけた場合、短期的には摂餌を中断しても生死に支障は生じませんので、この期間は常に防衛のほうが優先されることになります。それ故、この種の魚は脅かしてしまうとその後は防衛のほうを優先させ、口を使いにくくなるわけです。

では、こうして充分な成長を遂げて成魚となった魚が次になにをするかというと、それまでの成長戦略（摂餌と防衛）によって蓄えたエネルギーを使い、次世代に自分の遺伝子を受け渡すための繁殖活動に取り組むことになります。つまり、サケ科魚類の全生活史を概観すると、生涯の前半部分では成長のための戦略（摂餌、防衛）が主軸となり、成長が完了した後の後半部分では一連の繁殖戦略が最重要項目に位置づけられるようになります。

では、なぜ繁殖戦略の只中にいる産卵期のサケ科魚類はそれまでとは異なり、わざわざ外敵に見つかりやすい派手な体色（婚姻色）を身に纏《まと》うようになるのでしょうか。

ご指摘にあるように、このような体色が自己の防衛（戦略）にとってネガティブなファクターであることは、言うまでもありません。じつは、このことからも類推されるように、繁殖のフェーズに入ったサケ科魚類では防衛の戦略的位置づけが相対的に下げられている可能性が考えられます。換言すれば、繁殖活動は場合によっては自己の防衛（生死）をいとわずに取り組まなければならないほど、過酷な条件下で行なわれるものである可能性が考えられます。

多くのサケ科魚類にとって、それは、海や本流から産卵水域への遡上が完了するあたりから、すでに始まっていると言えます。たとえばサケ科魚類では一般にメスが自分の卵を産み落とすための産卵床を掘り起こします。産卵床は水通しのよい浅瀬の砂礫底に作られることが多いことと、砂礫底を掘り起こすためには一定の時間が必要となるため、この段階でメスは、外敵に見つかるリスクを冒しつつ、命がけで産卵行動をスタートさせていることになります。

一方この間、オスは他のオスとの間で熾烈な争いを繰り広げ、メスと、そのメスが掘り起こ

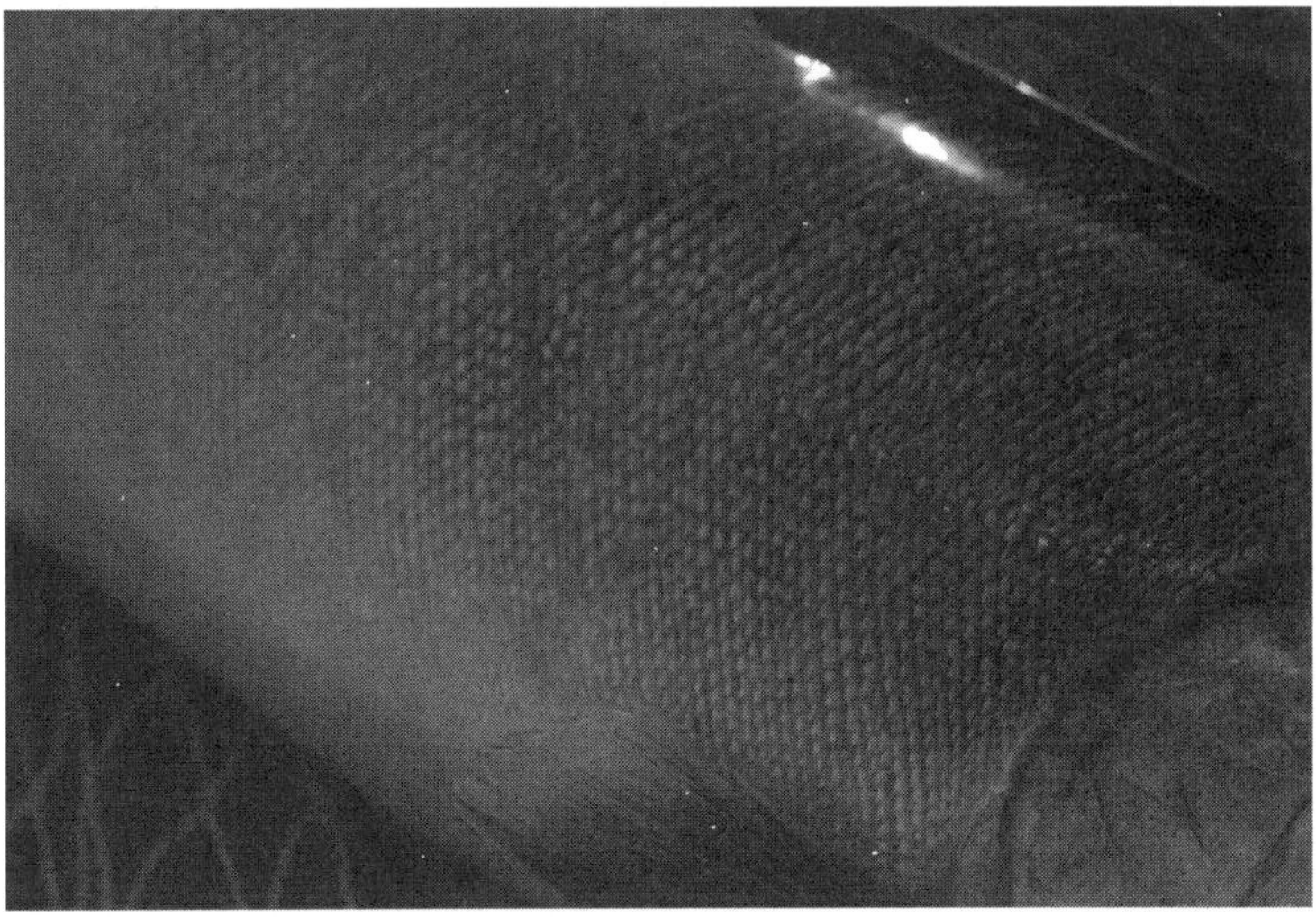

うっすらと体側に婚姻色を浮かべたサクラマス（堺淳撮影）

これは婚姻色を浮かべた屈斜路湖のヒメマス。非常に目立つので立ち込んで釣りをしているとその姿が容易に確認できる

婚姻色に身を染めたシロサケのオス

した産卵床を独占しようと尽力します。またこの時、オスは単に他のオスに競り勝つだけではだめで、メスに自分のことを繁殖パートナーとして受け入れてもらう必要もあります。その際に他のオスとの差別化をはかるために、多くのオスが競うようにして派手な婚姻色を身に纏うのだと考えられます。

つまり、メスもオスも、自分の子孫を残すためにはもはや防衛戦略を最前面に打ち出している余裕はない、という状況が考えられるわけです。実際、産卵期のトラウトの多くは我々アングラーに見つかった際、一時的にはどこかに隠れますが、しばらくするとまた定位置に戻ってくることが多いのも、この性質のためだと思っています。

その一方で、もう1つ別の可能性も考えられます。それは、繁殖期のサケ科魚類であってもでき得る限りは防衛も重視しており、そのための策として〝希釈効果〟ねらっている、という可能性です。

たとえば、前述のメスの場合、ある個体が単独で産卵床を掘っていれば、その魚は直ちに外敵から発見され、捕食のターゲットにされてしまうと考えられます。しかし、実際には産卵エリアでは他のメスも周囲で同じように産卵床を掘っていることが多いため、自身が外敵に襲われてしまう確率は、他のメスの個体数に反比例して低下する（希釈される）可能性が高くなります。

同様に、たとえオスがド派手な婚姻色を発色していたとしても、周囲に同じような体色のオスが多くいれば、その分だけ自分が襲われる確率は低下することになります。つまり、サケ科魚類の産卵のシーンでは、たとえ体色が派手であっても、そうした個体が複数いれば、希釈効果によってある程度は外敵に襲われるリスクが軽減され得ると考えられます。

つまり、逆説的に言えば、このねらいもあって多くの動物は同じ時期に同じ場所で同じような産卵活動を行なうとも言えます。ちなみに、他の動物で見られる繁殖期の希釈効果の事例としては、ウミネコの産卵時の集団営巣（コロニー）などが知られています。その昔、八戸の蕪島で数百組以上のウミネコのペアーが所せましと産卵の準備をしていた光景を見て、なぜこんなに小さな島に多くのウミネコが集結しているのかと疑問に感じたことが、思い出されました。なお、今回は誌面の都合で戦略のほうに議論が偏ってしまいましたが、いずれまた稿をあらためて婚姻色に赤色系が多いのはなぜか、あるいはアマゴはなぜ朱点を持っているのか、といった体色の機能についても考察してみたいと思います。

Question 14

渇水の沢でヤマメの体表に付く寄生虫の正体は

Q 渇水している沢で寄生虫（平たいゼリー状の虫）を体表に付けたヤマメを釣ることがあります。あの虫の正体を知りたいです。また、寄生されることでヤマメたちの健康に影響はないのでしょうか（山形県在住・38歳）。

私自身はサケ科魚類の寄生虫について、ほとんど知識を持ち合わせていませんでしたので、今回、大学院の時にお世話になった魚類寄生虫の大家、長澤博士の論文を読んだり、元滋賀県水試の藤岡博士に電話をしたりして、付け焼き刃でいろいろと調べてみました。

まず、ご指摘の寄生虫の正体ですが、チョウモドキ（*Argulus coregoni*）ではないかと考えます。本種は特に冷水性の淡水魚の体表への寄生が認められており、ヤマメだけではなくイワナの体表への寄生も報告されていました（長澤ら、Bull. biogeogr. Soc.Japan 70. 261- 265.）。

この寄生虫は、分類学的には節足動物門の甲殻亜門に属しています。つまり、ざくっと言えば本種は甲殻類、すなわちエビやカニの仲間ということになります。体型が平べったくゼリー状に見えるのは、お椀型（あるいは吸盤型）の体の端部にいくほどに透明度が高くなり、これらの部分が透けて見えるからだと思われます。この生物をトラウトの体表から剥ぎ取れば、エ

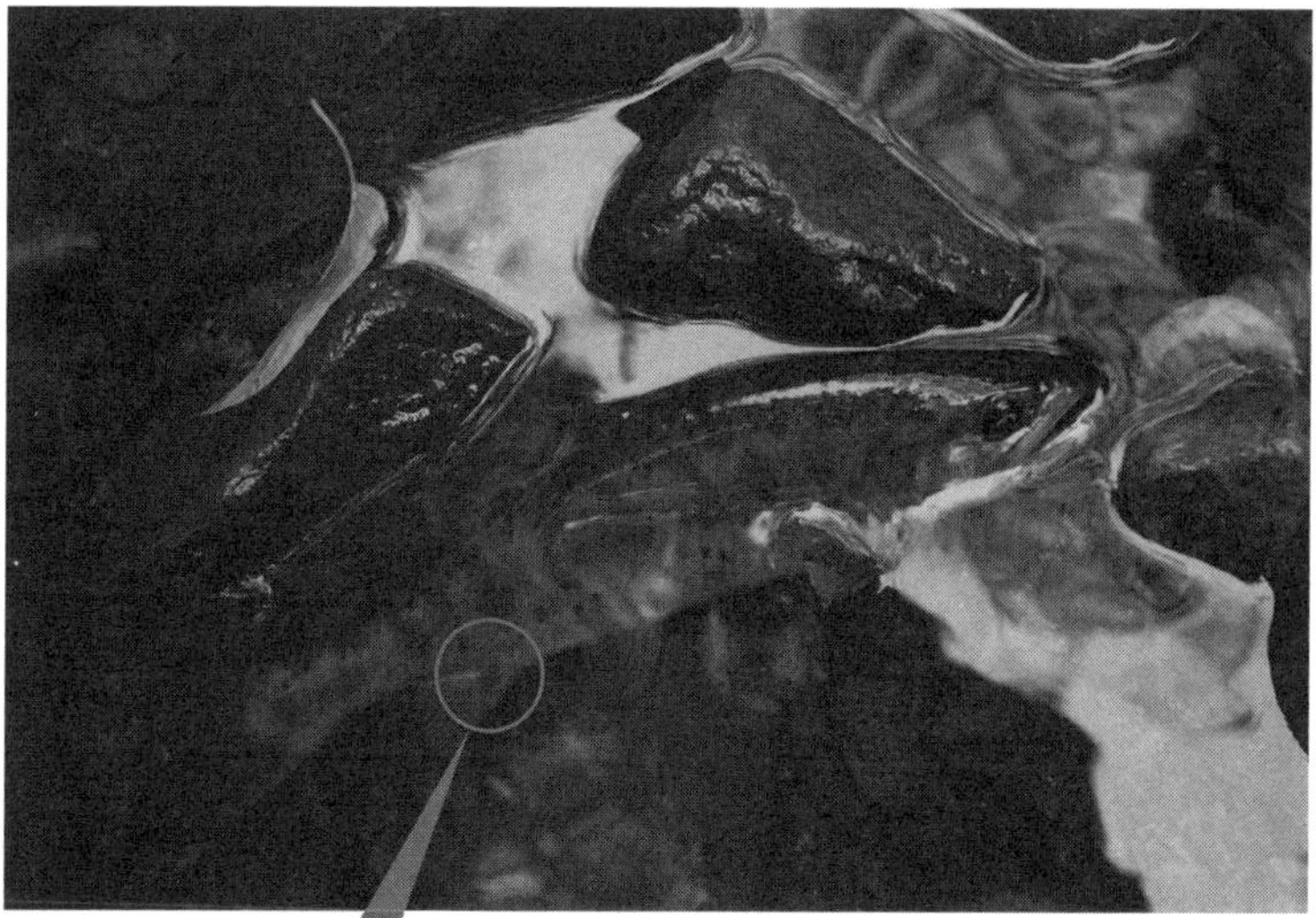

透明なうえ小さいので分かりづらいが、ヤマメの尻ビレの付け根（写真の丸で囲った位置）に張り付いている虫がチョウモドキ。ひどい渇水に見舞われた夏場の沢でよく見かけける寄生虫だ

ビやカニと同様、脚が生えているようすも見られます。なお、興味深いことに現在、日本に生息しているチョウモドキはもともとはヨーロッパから持ち込まれた国外外来種の可能性が高いと考えられているそうです。過去の種苗放流に起因して国内の水系に分布域を拡大した可能性が高いということになります。

本種が体表に寄生すると、口器の一部を構成する針状の器官をヤマメやイワナの体内に突き刺し、そこから体液を吸い取るそうです。ですので、チョウモドキが寄生したヤマメやイワナでは体液を吸い取られることによる損耗、傷つけられることによる体表の炎症、またそれらによる複数の合併症などを生じる可能性が高いと考えられます。したがって、最悪の場合には寄生の直接的、あるいは間接的影響によって宿主であるヤマメやイワナの死亡率が上昇する可能性も考えられます。なお、この寄生虫自体は人体への寄生は起こさないと考えられていますので、素手で触った程度では特に問題ないと思われます。

寄生虫つながりで、私がかねてから気になっていたのが、イワナ属の口の中に張り付いていた、サルミンコーラ（*Salmincola*）です。こちらも同じく節足動物の甲殻亜門に分類されています。なんといっても、イワナやヤマメの口の中にヒト型の白い人形のような生き物がびっしりと張り付いているのは、気の毒な感じがします。なお参考までに、サルミンコーラも人体への寄生は起こさないとされています。

さらに後年、今度はノルウェーのサーモン養殖場で、体表にどっさりとシーライス（ウオジラミ）が付着したアトランティックサーモンを見て、再び驚いたことをよく覚えています。シーライスも前2者と同じく甲殻亜門に分類されている、エビ・カニの仲間です。当地の養殖場の一部ではかなり重大な影響が生じているようで、ふらふらになって泳ぐ魚や、居心地が悪そうにしきりにジャンプする個体を見かけました。なお、不幸中の幸いというべきか、日本のサケ科魚類ではノルウェーほどのシーライスの被害は現段階では生じていないようです。また同じく本種も、人体に寄生することはないそうです。

以上のように、多くのサケ科魚類にとっては彼らを捕食するプレデターだけではなく、小型の寄生虫の存在もまた、生命を脅かす脅威となっていることが分かります。幸いにも、これら

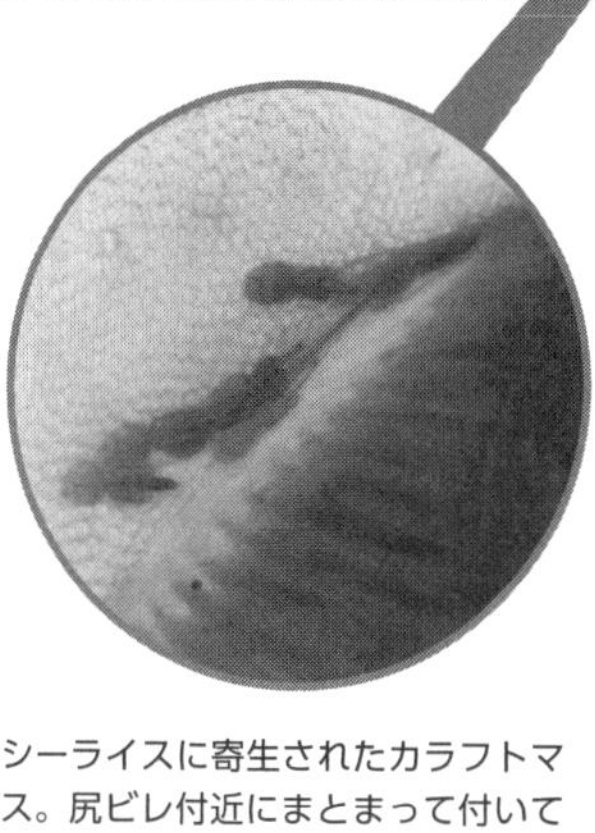

シーライスに寄生されたカラフトマス。尻ビレ付近にまとまって付いていることが多い

の寄生虫の出現が認められている川は全国的にはまだまだ限定されていますので、我々としてはこれ以上の拡散を引き起こさないように努めていくことが重要と考えられます。なおこの夏、仙台の釣友から国外外来の珪藻類であるミズワタクチビルケイソウ（*Cymbella janjschi*）の拡散状況についても、指摘と質問を受けました。いろいろと大変ですが、我々アングラーはこうした生物の拡散の抑制に気を配り、末永くフィールドを健全に保ってゆきたいものです。

Question 15

ファイト中になぜ別の魚がまとわりつく

Q ファイト中、ルアーにヒットして暴れている魚に対して、それまで姿を見せていなかった他の魚がまとわりつく感じで追いかけてきて、ビックリさせられることがたまにあります。そうした行動はなぜ起こるのでしょうか。ルアーをもぎ取ろうとしている？（宮城県在住・45歳）

同じような現象を私も過去に何回か体験しており、この種の行動の背景にはトラウトたちの摂餌や縄張り（攻撃）の衝動が関係しているのではないかと思っています。私の経験も交えて以下、いくつかのパターンを検証してみます。

まず、これに関する話で私の印象に残っているのが栃木県西鬼怒川での体験です。当時の私は栃木に来て間もない頃で、隣の鬼怒川本流ではまったく刃が立たなかったため、流れがコンパクトでも大ヤマメもいるとされるこの川を訪れました。しかし、チョイスしたパイロットルアーが小さかったこともあって、最初にヒットしたのは全長10㎝程度のヤマメでした。

ところが次の瞬間、底のほうから推定35㎝ほどの銀色のヤマメが、一直線にこのヤマメに向かって突進してきたのです。一連の行動のようすから、この魚は明らかにヤマメを捕食（摂餌）しようとしていただろうと思っています。つまり、これは比較的レアなケースかもしれませんが、ある魚が別の魚を追尾してくるパターンの1つとして、ルアーにヒットした魚をさらに別

複数の魚がストックされている淵などでは数尾がルアーを追うことも珍しくない。活性を高めている魚が多ければ連続ヒットも期待できる

の魚が捕食しようとして襲ってくるケースが考えられます。ただし、これは今回の質問で指摘されている現象には該当しないかもしれませんが。

次に、これは管理釣り場などでもよく見られるケースかと思いますが、ルアーにヒットしたトラウトの後ろから、ほぼ同サイズのトラウトが追尾してくることがあります（今回の質問も、こちらに当てはまるものだと思っています）。

この種の行動には先ほどと同じく摂餌の衝動が関係している場合と、縄張り（攻撃）行動が関係している場合の2つのパターンがあると考えています。

一度、話がとびますが、中学生の頃に奥多摩湖でバス釣りをしていた際、1つのミノーのベリーとテイルのフックに同サイズのバスがヒット（ダブルヒット）したことがあります。また、数年前にハゼ釣りをしていて、こちらはなんと1本のハリ（エサはアオイソメ）に2尾のハゼがダブルヒットしたことがあります。これらなどは、あとから来たバスやハゼが、前の魚のルアーやエサを奪い取って摂餌しようとした結果だと思っています。こうした事例も踏まえると、同サイズの魚が追尾してくる理由の1つとして、すでにある魚がバイトしたルアーを別の魚が奪いとろうとする可能性もあると考えられます。

また、これと似たもう1つの可能性として、ルアーにヒットしたトラウトの摂餌行動やファイトに刺激され、周囲の別の魚の摂餌のスイッチが（心理的に）ONになる、という可能性も考えられます。たとえば、池のニシキゴイの1尾にペレットを投げ入れると、周りにいる他の魚たちもそわそわし始め、そこにエサがないにもかかわらず水面で口をパクパクさせることがあります。これと同じように、あるトラウトがルアーにバイトすると近くにいる別の魚が他にもエサがあるのではないかと興奮し、ようすを確かめるためにその魚のそばに付きまとってくるのかもしれません。もしそうだとすると、格言的に言われているように、1尾の魚が釣れたらもう1尾釣れる可能性が高まるというのもこうした習性に起因する話だと思われます。

一方、摂餌とは異なり、ある魚のルアーへのバイトが別の魚の攻撃行動を誘発する可能性も考えられます。たとえば渓の中の1つのエリアに複数のイワナやヤマメが暮らしている場合、基本的に彼らは特定の領域にテリトリー（パーソナルスペース）を構えており、よほどのことがない限りは他者のテリトリーを侵害することはしません。

ところが、目の前を魅力的なルアーが通り過ぎていった場合にはパーソナルスペースの維持よりも摂餌の衝動のほうが一時的に上回り、攻撃されるリスクを冒してでも他者のテリトリーに入り込んでルアーを我さきに捕らえようとする可能性が考えられます。そしてこの時、テリトリーを侵犯された側の魚は怒り狂い、この魚を完全にテリトリーから排除するため、執拗に追尾行動（chasing）を続ける可能性が考えられます。

あるいは、ある魚がルアーにバイトした場所が他の魚のテリトリーの外であっても、ファイト中に暴れているうちに他者のテリトリー内に侵入してしまう格好となることもあるかもしれません。その場合にも、同様にテリトリーを侵された魚は躍起になってこの魚を追い払おうと、追尾してくるかもしれません。

このように、追尾にはいくつかのパターンと要因があると考えられますが、いずれにしても、こうした状況に置かれているイワナやヤマメたちは軒並み興奮状態にあると考えられ、我々にとっては連続ヒットを生み出す好機に繋がりそうです。

Question 16

黒部のイワナはなぜ魚を捕食しないのか

Q 以前、釣ってきたイワナを食事に出してくれる黒部の山小屋の主人から、「魚を食べているイワナをさばいたことがない」という話を聞きました。それはなぜだと考えられますか。また渓流魚は同魚種・他魚種も含め、いったいどのくらいの割合で魚を食べているのでしょうか（滋賀県在住・65歳）。

イワナやヤマメの胃内容物（摂餌内容）は、それぞれの魚の嗜好もさることながら、実際には餌場環境（その場所にある餌生物の種類と現存量、各餌の入手のしやすさ）によって大きく規定されると考えられます。つまり、ある魚の胃内容物はその魚が食べたいものと、実際にそこにある物、さらにはそれらのうち、その魚が食べられるものとの兼ね合いによって決まることになります。

たとえば、121頁～「第13回　気仙川のヒカリの行方（前編）」でも紹介した気仙川のサクラマスの降海魚（ヒカリ）の震災前の調査の際には、血液サンプルだけでなく、胃内容物も採取・分析していました。調査対象のヒカリは基本的に年齢や体サイズ、成長のデマンドなどの生理的条件が似通っていながらも、春になると比較的短期間のうちに上流域から下流域へと川を下っていくことが分かっていましたので、流域ごとの摂餌内容の変化をある程度クリアーカット（明快）に見較べるにはうってつけのサンプルになると考えられました。

　こうして各流域で捕獲したヒカリの胃内容物を解析したところ、傾向としては、上流にいる魚ほどカワゲラやカゲロウなどの比較的大型の水生昆虫類の幼虫を捕食しており、一方、海に近い下流域のヒカリは主にユスリカなどの小型の水生昆虫類の幼虫や成虫を捕食していることが分かりました。そこで、実際にサンプリングエリアの水生昆虫類の種組成や現存量も簡易的に調べてみたところ、やはりヒカリの胃内容物と周囲の水生昆虫類の種組成や現存量が一定の相関を示していたことが分かりました。

　さて、ご指摘にありました黒部川のイワナでも、同じ理由で胃内容物の組成が決まっているのではないかと思います。すなわち、ご指摘の流域では基本的には小魚類よりも水生・陸生昆虫類の現存量のほうが多い傾向にあるか、あるいはイワナたちにとってこれらの餌アイテムのほうが捕食しやすい条件にある、と考えられます。では、なぜ上流域では餌アイテムとしての魚類（小魚）の割合が相対的に低いかについては今後、あらためて考察してみたいと考えていますので、今少し時間をいただければと思います。

　なお、もう1つの質問についてですが、一般的な渓流域を想定した場合、イワナやヤマメが日常的（コンスタント）に小魚類を捕食するケースはかなり少なく、小魚類はどちらかといえば不定期に手に入るご馳走（ボーナス）のようなエサだと思っています。

　ただ、日頃、川を歩いておられる方は河岸の浅瀬や川底にアブラハヤやウグイ、ヨシノボリなどがそれなりに多く泳いでいるのを見ておられるでしょうから、これに関してやや、疑問を感じられるかもしれません。

渓魚の普段の主な捕食対象物は昆虫類。写真はモンカゲロウ（左上）、ヒゲナガカワトビケラ（右上）、アキアカネ（右下）

しかし、実際にはこうした小魚たちと前述した水生昆虫・陸生の流下昆虫類とでは運動能力、特に捕食者からの逃避能力が段違いに異なっており、仮にイワナやヤマメがこれらの小魚類を食べたいと望んだとしても、実際に彼らを捕食することは水生昆虫類を捕食するよりも困難だろうと思われます。仮にそれでもイワナやヤマメが小魚類を捕食することに執着してしまうと、結果的にこれらの小魚類から摂ることができる栄養分（ベネフィット）よりもエサを求めて泳ぎ回る運動量（コスト）のほうが上回るケースがでてきてしまい、最悪の場合はマイナス成長、悪くすれば飢餓状態に陥る可能性も生じます。

ですので、多くのイワナやヤマメは擬人的に言えばある種の妥協（打算）もしつつ、普段は比較的コンスタントに摂餌できる水生昆虫や陸生昆虫類をおもに摂餌していると言えるかもしれません。ただし、ほとんどの流域でこうして小魚類がトラウトたちの魅力的なご馳走（ボーナス）であることに変わりはありませんので、こうした彼らの摂餌衝動をミノーの演出で引き出すことも、我々アングラーの醍醐味の1つだと思っています。

Question 17

あらためて鱒の模様の意味とは

Q トラウトにはそれぞれ模様が付いているのはなぜですか。その意味を教えてください（北海道・11歳）。

日本に古くから生息するイワナ、ヤマメ、アマゴはいずれも惚れ惚れする綺麗な体色や模様を持っていて、それらは各魚種を表わす大きな特徴にもなっています。またこうした模様は私たち釣り人の目を楽しませてくれるだけでなく、彼らにとっても重要な意味（役割）があることが分かっています。たとえば、多くの鱒やサケでは卵から産まれたばかりの稚魚の体側に黒い楕円形の斑紋が見られます。これらは稚魚の英語の呼び名であるパー(parr)にちなんで、パーマーク（parr mark）と呼ばれています。私が中学生の頃に読んでいた本では、この模様のことがパール（pearl：真珠）マークと書かれていましたが、当時はその呼び名に妙に納得したのを、覚えています。

この、パーマークですが、魚種によってマークが一生残るもの（ヤマメやアマゴなど）と、成魚になる前に不鮮明になり、消えてしまうもの（シロサケやベニサケ、サクラマスなど）が見られます。では、パーマークなどの模様の役割は何かというと、それらの多くが川の中で外敵から自分の身を守るための保護色（カムフラージュ体色）として機能していると考えられます。よく知られているように、ほとんどの鱒やサケは川の上流域の産卵床（redd）で卵から産まれます。つまり、彼らが産まれて初めて水の中を泳ぐ時、その周囲の川底には砂利や石が多く転がっていることになります。そのような場所では体側にちりばめられたパーマークが砂利や石などの背景に重なって見えることで、稚魚たちが外敵から発見されるのを防いでくれると考えられます。ですので、一生を川で過ごすヤマメやアマゴなどでは成長して成魚となるまで、そのままパーマークが残ると考えられます。

一方、シロサケやベニサケなどの稚魚では産卵床で産まれてから数ヵ月が過ぎると、パーマークはほとんど消えてしまいます。と同時にこれらの稚魚では体の腹部が銀白色に、背中側が濃紺色へと変化します。こうした一連の体色（模様）の変化は、これらの稚魚が海に降りるための備え（smoltification：銀化変態）の一環として起こると考えられています。海中ではそれまでの生活空間であった川底の背景（砂利や石）にかわって、水（海水）が新たな背景となるからです。こうして稚魚の体色が銀白色と紺色のツートーンカラーに塗り替えられていることで、海中のサーモンシャーク（salmon shark）などからは稚魚の体が海面のきらめきに溶け込んで見え、反対に上空でエサを捜す水鳥からは稚魚が海面の紺色に溶け込んでいるように映ると考えられます。このような保護色のことを、専門的には逆影（countershading）と呼びます。

なお、この逆影の体色は、海に入ってからではなく、まだ稚魚が川にいる段階で準備されることが知られていますが、それにはおもに2つの理由があると考えられます。1つは、こうした準備には体内で分泌されるホルモンなどの生理的因子によるきめ細やかな調節が必要なた

ヤマメが産卵に使っていた可能性がある支流の川底。こうした砂礫の保護色が外敵から身を守ることにつながる

ヤマメのパーマークは稚魚が生き延びるための
保護色。環境の変化で残ったり消えたりする

め、一定の時間をかけて準備をしておくことが必要だからだと考えられます。またもう1つは、この体色は海に入ってからだけではなく、産卵水域を離れ、川を降り始めた本流域の中でも保護色として機能するからだと考えられます。つまり、逆影は必ずしも海の中だけの保護色ではないと考えられます。海に降りないことで知られる本流ヤマメなどでもパーマークが不鮮明になり、体色が銀白色の逆影になるのも、そのためだと思われます。

さて、こうして川、あるいは海で成長した鱒やサケも、最後には再び自分が産まれた川（母川）の産卵水域に戻ってきて、産卵活動を行ないます。その際、親魚となった鱒やサケでは再び体色（模様）の変化が起こることが知られています。ただし、その体色はそれまでの保護色とは異なり、婚姻色と呼ばれるものです。

たとえばベニサケの産卵親魚の婚姻色はその種名が示すとおり、全身が紅色一色となります。またサクラマスやシロサケなどでもベニサケほどではありませんが、体側に鮮やかな朱色の模様が現われます。このような、むしろ外敵からは目立ってしまうことになる婚姻色は、明らかにそれまでの保護色とは役割も異なることが想像できます。多くの場合、こうした体色の多くはオスからメスへの求愛の際のシグナルや、オス同士によるメスを巡る争いの際の闘争性のアピールとして用いられていると考えられます。

以上の内容をまとめると、鱒やサケの体色や模様には大きく、保護色と婚姻色の2種類があることが分かります。保護色は、稚魚が成長して成魚になるまでの間、なるべく外敵に襲われずに済むために重要な役割を果たし、一方の婚姻色は親魚となった鱒やサケがそれまでの保護色を打ち捨てでも産卵に成功するための決意の模様として発現している、と言えそうです。

パーマークの個体差を眺めるのも釣り人の楽しみ。この模様が魚たちの生活環境に依拠するものであるなら、確かにパーマークはその魚の歴史の一部と言えるかも？

パーマークを消失させたヤマメ。本流域のトロ場でヒットした

Question 18

海外サケ研究のトレンドは？

Q トラウトは世界各地に分布しています。海外ではどのような研究が行なわれているのでしょうか。海外におけるサケ研究のトレンドや現状について教えてください（宮城県・48歳）。

現在、海外でサケの研究に力を入れているのはアメリカ、カナダ、ノルウェー、イギリスあたりだと思われます。むろん、国ごとに対象とする魚種や研究の目的、アウトリーチ（応用範囲）が異なっていますが、それらを俯瞰することで世界のサケ科魚類が置かれている状況（環境）が垣間見えるかもしれません。

まず、ヨーロッパではノルウェー、イギリス、フランスあたりが比較的サケの研究に力を入れていますが、なかでも近年、勢いがあるのがノルウェーです。彼らのねらいの1つは、アトランティックサーモンを含む、いわゆるノルウェーサーモンの養殖規模を今まで以上に拡充し、世界各国への輸出量を飛躍的に増加させることです。かつて、ノルウェーはヨーロッパの中ではさほど豊かな国ではなく、Vosso川などの高名なアトランティックサーモンの遡上河川にはイギリスの富裕層アングラー向けのホテルや別荘が立ち並び、地元のアングラーが思うように釣りをすることができない時代もあったそうです。しかしノルウェーではその後、原油の採掘やサーモンの養殖に次々と成功し、近年ではかつてのイギリス人の別荘を買い占めるほどの勢いだと聞きました。そのうえでさらに今後数年でノルウェーサーモンの生産量を数倍に増やす計画を立てているそうで、日本もマーケットの1つに挙がっています。

ただし、一見順調そうに見えるノルウェーの計画にもいくつかの課題があると考えられています。その1つが、フィヨルドの生け簀で大量養殖されるノルウェーサーモンに、寄生虫であるシーライスが取り付いて生産性を下げてしまうことです。またもう1つは、サーモンの幼魚（稚魚）を淡水で飼育するための陸上淡水飼育施設が土地の制約上、思うように大規模化できていないこともあります。

前者に関しては、現在、フィヨルドの湾内にThe eggと呼ばれる巨大な半密閉型のカプセル（スペースコロニーのようなもの）を浮かべ、その中でシーライスをシャットアウトした状態でサーモン養殖を行なおうとしています。また後者に関しては、より早く淡水から海水に移行できるノルウェーサーモン種苗の生産技術開発が行なわれています。これらは日本の養殖技術開発とも深く関係しており、両国が連携して技術開発が行なわれようとしているところです。私も2023年に2週間ほどノルウェーに行ってきたところです。

一方、北米のアメリカやカナダではどちらかと言えばサーモンの養殖にはあまり照準はあてられておらず、現時点では天然資源の保全や増殖に関心が寄せられているように見えます。その背景には、両国にとっては自国消費分も含めてサケ養殖が重要な産業になっていない一方、天然魚が食資源やゲームフィッシングの対象として重用されていることがあると思われます。

たとえばオレゴンやワシントンのフィッシュマーケットに行くと、店頭に並べられているのはほとんどが近海で採れた天然のキングサーモンなどであり、基本的には養殖には依存せずに食材が賄われていることがうかがえます。なお、シーフードレストランではシーズンになるとキングサーモンがメニューにのぼりますが、その際、赤身の魚に混じって白身のキングサーモン（ホワイトキング）が出てくることがあります。これらは、甲殻類などよりもイカを多く食べて育った魚だということです。日本ではサケと言えば赤身のものが好まれますが、あちらでは希少性からか、あるいは嗜好性からか、ホワイトキングのほうがプレミア食材と見なされているようです。

近年、日本ではシロサケを含むサケ科魚類の資源減少が続いていて、悲観的に見ておられる方も多いと思いますが、実はこうした資源変動はサケの分布域の南限に近い中緯度域（日本近海）では顕著に見られていますが、北太平洋全域ではサケ科の資源は横ばいか、あるいは局所的には増加傾向が認められています。つまり、北太平洋を広域でとらえた場合、サケ科魚類全体の資源量は大きくは変動していないと見なせます。こうしたことから、国土の大半が日本よりも北に位置するアメリカやカナダでは現在のサケ資源をいかにそのままキープしていくかが主要なテーマとなっているのだと思います。

ただし、近年では日本と同様、北米であってもオレゴンやカリフォルニアなどの南の州に行くほどサケの資源量は不安定となり、かつ局所的には減少が起こっている水系もあります。こうした地域では天然資源の保全や増殖のための河川整備や、より天然魚に近い性質の放流種苗の生産法や放流手法の開発が進められていて、日本にも導入したい好例がいくつかあります。ここですべては紹介できませんが、たとえば川の再生事業としては既存のダムを撤去するといった超大型の土木プロジェクトから、川のスポットごとに倒木などを投入して稚魚を1尾ず

年々釣れなくなっている北海道のカラフトマス。しかし北太平洋全域で見ればサケマスの資源量に大きな変動はないと考えられている

カラフトマスに寄生したシーライス（尻ビレ付近）。生け簀の養殖魚に寄生するとその生産性を低下させる

つ手塩にかけて増やそうといった、きめ細かなボランティア活動までが各所で実践されています。

また、北米の多くの川では海から遡上してきたキングサーモンやスチールヘッドの親魚から人工採卵を行ない、そこから得た種苗を資源増殖のために川に放流していますが、基本的には多くの水系では遡上親魚は沿岸や河口域ではなく、産卵場に近い中~上流域のハッチェリーで採捕されています。これには本当は別の経緯があったのかもしれませんが、親魚を産卵場付近まで自主的に遡上させることで、より自然に適応した成熟親魚が得られ、成熟も自然に促されるといった、増殖上のメリットがあると思われます。またこの方法は、親魚がハッチェリーに遡上するまでの間、アングラーもその一部を釣獲できることで、レクリエーションフィッシングとの共存も実現していると考えられます。

なお、参考までに、アメリカのサーモンフィッシングは基本的に各州の政府機関であるFish and game が所管しており、アングラーから得られた遊漁料収入は同じ機関が管轄するハッチェリーの運営や河川の保全・再生事業に還元されるシステムとなっています。つまり、アングラーが川や海で釣りを行なうことは単なるレクリエーションや一方的な採捕行為では終わらず、対象魚の保全や増殖にも実感として還元されるシステムになっています。

なお、北米やヨーロッパの各国には長年にわたってサケの研究界を牽引し、現在の保全や増養殖の取り組みに道筋をつけてきた研究者たちが存在します。今回は紙幅の関係で筆をおきますが、こうした研究者の業績や人物像についてもいずれ紹介できればと思っています。

Question 19

なぜ淵の大型ヤマメはジャンプする

Q サクラマスは浮き袋の調整のためにジャンプすると聞いたことがありますが、湖で大きなブラウンやニジマスが派手にジャンプする光景は珍しくありません。それらも浮き袋の影響なのでしょうか。また、渓流の大淵で大きなヤマメがジャンプすることがたまにあります。釣りの師匠は「釣り人をジャンプで確認している」と言うのですが……。それはあり得る話でしょうか（宮城県・47歳）。

サメやエイなどの軟骨魚類を除く、いわゆる魚類（硬骨魚類）が持つ浮き袋（鰾）は、大きく閉鰾（へいひょう）と開鰾（かいひょう）の2種類に分けられます。そこでまずは、これらの違いについて簡単に説明します。そもそも、鰾は消化管の一部が膨らむことで形成されることが分かっており、仔魚の時点では閉鰾と開鰾のどちらの鰾も、気管を介して消化管とつながっています。ところが、一部の魚種では発生の段階で徐々に気管が消失し、消化管との直接的な繋がりがなくなってゆきます。こうしてできた鰾のことを閉鰾と言い、閉鰾を持っている魚のことを閉鰾魚と呼びます。一方、成魚になってもそのまま気管を介して消化管とつながっている鰾のことを開鰾と言い、それを持っている魚を開鰾魚と呼びます。閉鰾魚としてはマダイやスズキなどが、開鰾魚としてはサケやコイ、イワシなどが知られています。つまり、我々のメインのターゲットであるトラウトは、開鰾をもつ開鰾魚となります。

以上の知見をもとに、最初の質問である、トラウトが時折みせるジャンプの理由(役割)について考察します。まず、サクラマスやブラウントラウト、ニジマスは川や湖の中では常々水面付近に定位していることは少ないので、これらの魚が見せるジャンプの多くはある程度水深の深い場所から浅い場所への移動の一環として発動されると推測できます。

こうして魚が深所から浅所に移動する過程では水圧の低下によって空気(ガス)で満たされている鰾の膨張が起こり、その結果、魚体をより一層、水面へと浮上させようとする力がはたらきます。そのため、魚たちはなるべく迅速に鰾内のガスを抜きとり、自身がそれ以上は浮き上がらないようにするための浮力調整を行なうことが必要になります。その際、閉鰾魚の場合は気管が失われているため、鰾内のガスは一度血液に吸収され、その後、主に鰓から外部へと排出されることになります。一方で、開鰾魚の場合には気管を介することでダイレクトにガス抜きを行なうことになります。たとえばコイの仲間であるキンギョでは口や鰓蓋の隙間から直接的にガスの気泡が出てくるようすを観ることもできるそうです。

このことから、前述したトラウトたちが水面付近に浮上した際にも気管を介して鰾からのガス抜きが行なわれると考えられますが、その際、より早くガス抜きを行なう必要があれば、可能性の一つとしてトラウトが水面でジャンプをし、自身に対して何らかの刺激を与えることでより迅速にガス抜きを行なうこともあるのかもしれません。あるいは、反対に深場への潜航に備えてジャンプをした際に空気を取り込んでいる可能性も考えられます。ただし、このような仮説を実証した研究例は現時点ではありませんので、これはあくまでも私個人の想像となります。

　一方、ジャンプのもう1つの役割として、トラウトたちが自分の体を水中から持ち上げることで、水面上の景色を観察している可能性も各方面から指摘されています。たとえばカナダのフレーザー川を遡上するベニサケの回帰親魚は海から遡上を行ない、大きな支流との分

ヒットの期待を抱かせる淵。ごく希に大型ヤマメのジャンプでびっくりさせられることがあるが、そんな時、魚がこちらを観察している可能性も否定できない

サクラマスは深い場所から浅い場所への移動の一環としてジャンプしていることが多い

岐点付近まで到達するとしきりにジャンプや、鯨類が行なうようなスパイホッピング（spy hopping）を発現するという話を聞いたことがあります。この時、海から帰ってきたベニサケの親魚は水面上の視覚情報に基づいて自身の現在位置や、その先向かうべき産卵水域を確認（想起）していると考えられていますので、そこから類推すると、大淵でジャンプしている大型のヤマメも水面上の景色を観察し、何らかの行動に役立てている可能性が高いと私も考えています。

さて、ここからは質問の主旨からやや離れてしまいますが、もし前述したベニサケやヤマメが水面上の景色を観察して自分の現在位置やその先向かうべき産卵水域を見定めているのだとすれば、彼らは水面上の景色と紐づけるための、水中（河床）の地図も作っている（持っている）のではないかと考えています。

これは今から10年ほど前の実験で示されたことですが、広瀬川のある堰堤の上でサクラマスの降海型のスモルトを釣りあげて音波発信機を装着し、その魚が川を降りやすいようにと、堰堤の下流で釣りあげた別の実験魚とともに堰堤下に放流したところ、その魚だけが翌朝には前日に釣られた堰堤の上に戻っており、その後、あらためて川を降り始めたことが分かりました。

つまり、この現象は堰堤の下に移送放流されたスモルトが、水面上の景色や水中の地形などを手掛かりにして自分が放流された場所と元いた場所を割り出すことができた可能性を示しています。もしかすると、サケ科魚類は我々が想像する以上に精密な地図や地形的記憶、ナビゲーションシステムを持っているのかもしれません。

Question 20

渓流魚は吸い込む系のバイトはしない？

Q ヤマメやイワナがルアーを食うようすを見ていると、「齧《かじ》る」感じのバイトがほとんどのような気がしています。ブラックバスやコイ、フナなどは「吸い込む」感じの捕食だと思うのですが、ヤマメやイワナは「吸い込む」系のバイトができないのでしょうか。もし吸い込む捕食をしているなら、ルアーの重さやフックの重さを考えたほうがハリ掛かりしやすいのかな？と思いました（東京都・49歳）。

ヤマメやイワナを含むサケ科魚類は、吸い込む系の捕食を行なうことができます。

魚類は種ごとに様々な摂食行動（feeding behavior）を駆使してエサを採りますが、これらを大きく分類すると、齧る、吸い込む、削ぎ取る、といったいくつかのパターンに分けることができます。面白いところから見ていくと、たとえばアユの成魚が礫の表面に生えている藻類を口器（唇）で削ぎ取って摂食することは、よく知られています。一方、齧る系としては、相手の体の一部を噛みちぎって食べるピラニアやサメなどの摂食行動が典型的かと思います。また、アフリカのタンガニイカ湖には他の魚のウロコを齧りとって食べる、Scale eater と呼ばれるシクリッドが生息しています（あるいはこのシクリッドの行動は齧る系と削ぎ取る系のコンポジットといってもよいかもしれません）。一方、吸い込む系の魚としては、ご指摘にあったコイやフナ、バスなどが広く知られています。

では、ヤマメやイワナはどのパターンの摂食行動を行なうかというと、基本的には齧る系と吸い込む系の摂食行動をターゲットやその場の状況に応じて使い分けている、と考えられます。なお、齧る系の捕食、といってもサケ科魚類はピラニアのようにエサの体を噛みちぎって食べることはしませんので、実際にはこちらはくわえる、と表現したほうが近いかもしれません（以下、本稿でもくわえると表現します）。

さて、2種類の摂食行動のうち、ヤマメやイワナが「くわえる系」の摂食行動を発動するのはどのような時かというと、たとえばひと飲みにはできないような比較的大型の魚類やトンボなどの獲物をとりあえず口でホールドしようとする時や、ヤマメやイワナ自身が流心の中にいて吸い込む系の摂食行動が機能しにくいと思われる場面（理由は後述）、あるいはターゲットの動きが俊敏で、吸い込むための間合いが取りにくい場面などで発動されると考えています。裏を返せば、ターゲットが一飲みできるサイズでその場所が水流の影響を受けにくく、かつ動きがさほど俊敏ではない時などに、吸い込む系の摂食行動が発動されると考えられます。つまり、ヤマメやイワナは同じような大きさのターゲットであってもその場の環境やエサの動き方によって2種類の摂食行動を瞬時に使い分けていると考えられます。このあたりには、じつはヤマメやイワナの吸い込み力があまり強くなく、限られた場面でしか充分な効果を発揮し得ないことが関係すると思っています。

さて、ここで一度、ヤマメやイワナのくわえる系や吸い込む系の摂食行動がどのようなメカニズムで発動されるかを見てみます。まず、くわえる系の摂食行動の機構はわりとシンプルで

水中にサスペンドさせていたミノーをじっくりと見て、一気に頬張ったイワナ。吸い込む系バイトだったのだろうか、ミノーの半分を丸呑みしていた

こちらのイワナはシングルフックが上顎を貫通。フックをくわえる感じのバイトだったようだ

あり、端的に言えば顎の開閉運動が基本になっています。一方、吸い込む系のほうはやや複雑な仕組みで発動されます。

まず、吸い込む力は、どのようにして作り出されるのでしょうか。たとえば我々ヒトの場合、食べ物を吸い込む時には肺を勢いよく拡げ、空気が吸い込まれる際に発生する吸引力で食べ物を口内に取り込みます。一方、ヤマメやイワナなどの魚類は肺を持たないため、この方法をとることはできません。そこで彼らはあらかじめ左右のエラ蓋をぴっちりと閉じておき、次に口内全体を風船のように拡げ、同時に口を開くことで瞬間的に陰圧を発生させ、周囲の水とともにエサを吸い込みます。もしもエサがその個体にとって一飲みにできるサイズであれば、こうして口の中に吸い込んでしまうほうが取り損じも少なく、捕食成功率も高くなると考えられます。

ただし、こうした吸い込む系の摂食行動を得意技としているバスやコイ、フナに比べると、トラウトたちの吸い込む力はやや弱いように感じられます。それ故、ヤマメやイワナの吸い込む系の摂食行動は周囲の水流が大きい場合や遠ざかろうとする俊敏なターゲットを引き寄せることには向いておらず、そのような場面ではくわえる系の摂食行動を発動し、顎の力でエサをホールドするほうを選ぶのかもしれません。

以上のように、ヤマメやイワナは身体的にはくわえる系と吸い込む系の2通りの摂食行動が発動できると考えられます。また前述した発現メカニズムからも類推できるように、くわえる系も吸い込む系も、その作用はヤマメやイワナの体サイズに比例して強くなる（=体サイズが小さいほど弱くなる）と考えられます。ですので、ルアーのフッキングミスを軽減することを目指すのであれば、確かにルアーやフックのサイズを一段階落とし、吸い込む系の摂食行動に訴えるのも選択肢の1つになるかもしれません。

しかしながら、吸い込む系のバイトを意識しすぎてダウンサイジングを進めてしまうと、今度は大型魚へのアピール力（match the bait・match the size）が減少してしまい、我々のねらいの1つである大ものとの出会いのチャンスを遠ざけてしまう可能性も考えられます。ですので、個人的には吸い込み系を意識したダウンサイジングを行なう場合でも必要以上のルアーの小型化は避け、その分、細かなトゥイッチやステイを織り交ぜることでヤマメやイワナの吸い込む系の摂食行動を誘発するのもありかなと思っています。

なお、余談ですが数年前に本流で釣りをしていた時、たまたまルアーの操作法がマッチしたのか、本流ヤマメに7㎝ミノーを丸呑みにされ、バーブレスのトレブルフックを外すのに難儀したことがあります。もしも吸い込む系を意識した釣りをするのであれば、丸呑みされることを前提として可能な限りバーブレスフック、シングルフックを用いることも重要になると思っています。

Question 21

なぜ日本海側のサクラマスは減少しているのか

Q 本州日本海側のサクラマス遡上数は減少の一途をたどっています。それはなぜでしょうか? 別の川に行って母川に帰ってこないと語る人もいますが、我々はスモルト化して河口に下り対馬海流に乗って北上したサクラマス幼魚が、この時点で対馬海流の魚食性の魚に捕食されて数が減っている可能性を考えています。この点について先生のご意見をお聞きしたいです
(トラウトプロショップ「エクスプローラーズ」石関伯秀)

日本海系サクラマスの降海後の回遊パターン

昨今のサクラマスの減少には複数の要因が関係していると考えられますので、いくつかに分け、順を追って見ていきたいと思います。

まず、日本海系サクラマスの減少要因を探るための基礎情報として、彼らの回遊パターンを概観します。なお、今回は減少傾向が顕著な本州のサクラマスにフォーカスを当てることとします。

一般に、本州の日本海系のサクラマスの多くは生後1年半後の春に銀化魚(スモルト)となり、川から海に降りると考えられます。日本海ではスモルトがおもに4月以降に沿岸海域で採

新潟の河川でサクラマスを釣った直後の石関伯秀さん。日本海側・太平洋側の主要河川から小規模河川までカッコいい鱒を求めて各地を釣り歩く。今回は石関さんとエクスプローラーズの常連アングラーの方たちが感じていた疑問について、普段よりも大きく頁を割いて答えてみた

４月の岩手県三陸沖で、ジギングによって釣りあげられたサクラマス。オホーツク海から南下してきた個体と思われるが、その後、海水温の推移によっては方向を変えて海域を北上する群れがいると考えられる

集されるようになるからです。

その後、スモルトは6月頃には北海道の沿岸海域にまんべんなく現われ、7月頃にはおもに知床半島の北方で、また8〜9月頃には樺太半島とカムチャツカ半島の間の海域で多く採集されるようになります。

これらのデータから、日本海系サクラマスは4月頃までに川から海に降りた後、その多くが知床半島北方の海域を経由して8月頃にはオホーツク海域にまで北上すると推定されます。

なお、上記の情報からもわかるように、サクラマスの主群は一言でオホーツク海と言っても実際には湾奥部までは北上しておらず、基本的には中露国境のアムール川河口域の延長線上、緯度で言うと北緯50〜55度の湾口付近の海域に滞泳すると考えられます（その理由は後述）。ただし、今回引用している調査データは今から50年以上前に得られたものであり、当時は湾の奥部まで充分に調査航海が行なわれていなかった可能性も考えられます。

一方、10月に入るとサクラマスは徐々に分布域を南に移しはじめ、おもに樺太半島の南部や国後島の南側の海域で採集されるようになります。その後、この調査では一度データが途切れますが、翌年の3月上旬になると今度はサクラマスの成魚が秋田県沿岸から能登半島周辺にかけての日本海の広い範囲で採集されるようになります。これらのことから、10月頃にオホーツク海を離脱して南下を始めた日本海系のサクラマスの主群は3月上旬よりも前（おそらく1〜2月の間）には能登半島に向けて本州西岸海域を南下してくるものと考えられます。

その後、成魚は3月下旬から4月中旬にかけてさらに能登半島の西方沖へと分布を広げ、最終的には島根県の北方沖にまで広範囲に姿を現わします。そして、ここからが興味深いのですが、4月下旬になるとこれらの成魚の分布域は徐々に北に向けてシフトを開始し、5月上旬になると主群は山形県から秋田県にかけての沿岸から西方沖にかけての海域に分布するようになります。

さらに、6月上旬になるとこの集団はおもに北海道の沿岸や西方沖で見られるようになります。そして、6月中旬にわずかな個体が同海域で見られたのを最後に、集団は消失すると考えられます。以上のデータから、日本海系サクラマスは10月以降にオホーツク海からの南下を開始し、3月下旬~4月中旬に島根県北方海域まで到達したあとは再び向きを変え、規模を縮小しながら（理由は後述）日本海を北上してゆくものと考えられます。

太平洋系サクラマスの降海後の回遊パターン

では、ここまで見たところで次に、カウンターとして太平洋系サクラマスの回遊パターンについてもざっと眺めてみます。なお、ここではおもに三陸沿岸の太平洋系サクラマスにフォーカスを当てることとします。別のところでもあらためて詳述したいと思っていますが、宮城県牡鹿半島以南の太平洋系サクラマスは三陸沿岸以北の集団とはいろいろな意味で性質が異なると思っているからです。

三陸沿岸のサクラマスも、基本的には日本海系と同じく4月頃までにスモルトとなって各河川から太平洋に降りると考えられます。その後、ほとんどのスモルトは北へと向かい、基本的に知床半島以北では前述した日本海系サクラマスと同じような挙動を示すものと考えています。すなわち、両海域のサクラマスはおそらく8月頃にはオホーツク海周辺で混泳状態にあり、10月以降に似たようなタイミングでオホーツク海からの離脱とそれぞれの海域（日本海・太平洋）への南下を始めるものと考えています。

これは、今後の研究課題でもありますが、おそらくオホーツク海における成魚の目的は摂餌活動の最適化と翌年に母川で行なわれる産卵に備えることであり、したがって必然的に多くの魚が摂餌に最適なエリアに集結（混泳）し、同じタイミングで海域からの離脱を開始すると考えられるからです。

一方、太平洋側では11月頃になると北海道東部沿岸海域でサクラマスの成魚が採集されるようになり、12～2月頃になると今度はおもに青森県東方の海域で、またその後、3～4月にかけては岩手県から宮城県にかけての三陸沿岸海域で多くの成魚が採集されるようになります。

また、面白いことに太平洋側でもサクラマスの主群は5月以降に太平洋を再び北海道方面へと北上することも示されています。つまり、太平洋側においても多くの成魚が日本海と同様の、南下と北上の回遊パターンを示すものと考えられます。

日本海系と太平洋系サクラマスの回遊の対称性の意味

以上のように、オホーツク海でひと夏を過ごしたサクラマスの成魚は日本海系であっても、太平洋系であっても3～4月頃までに日本海・太平洋を南下し、その後、多くの個体が方向を変えて海域を北上するという点で対称的な回遊パターンを示すと言えますが、それはなぜで

８月のオホーツク海。奥に見えるのが知床半島。カラフトマス釣りのアングラーで賑わう季節だが、その沖合では本州日本海及び本州太平洋から北上してきたサクラマスが混泳状態にある

知床半島のカラフトマス。最近はこの魚も減少していると語る釣り人が多い

しょうか。

その行動を読み解くカギの1つが、両海域の海水温の季節変化だと考えられます。たとえば、前述したように日本海側ではサクラマスの成魚が3月上旬までに能登半島付近にまで南下してきますが、この時、この海域の表面水温は概ね8～10℃の範囲内にあり、それよりも北側の海域と比べて数℃ほど水温が高いことが分かっています。つまり、サクラマスの成魚は日本海の水温が低下する秋から冬にかけてより暖かいエリアを求めて移動した結果、この海域にまで南下してくるのではないかと考えられます。

では、その後、成魚の主群が4月中旬に能登半島の西方沖（島根県の北方沖）にまで展開していった際はどうだったかというと、この時の表面水温も概ね8～10℃と、周辺の海域よりも数℃ほど温かいことがわかりました。一方、4月下旬以降に成魚が日本海を北上して行った時にも、主群が分布していた山形県、秋田県の西方沖の表面水温はやはり8～10℃の範囲内にあり、これは前の月まで滞泳していた能登半島周辺海域の水温（12～14℃）よりも数℃ほど低かったことがわかりました。

つまり、日本海系のサクラマスは冬から春の間、基本的に8～10℃の水温レンジを選好する傾向があり、それよりも低温や高温の海域を避ける傾向にあったため、言わば一定の水温レンジを追随するかたちで冬の能登半島方面への南下や、4月下旬以降の北上を起こしたのではないかと考えられます。また、このような日本海における現象を踏まえると、太平洋系のサクラマスの冬から4月頃にかけての南下と、5月以降の北上も同じように海水温の季節変化に依存的に引き起こされている可能性が高いと考えられます。

日本海系サクラマスの来遊数の減少を引き起こす要因

さて、ここまでのインフォメーションがそろったところで、今回の質問にあった、日本海系サクラマスの遡上親魚が減少している理由を特に海水温との関係から考察します。

その前に、今一度ここまでの知見を簡単に整理したいと思いますが、前述したように日本海、太平洋のサクラマスがどちらも8～10℃の水温を選好する傾向があると仮定すると、基本的に両海域のサクラマスはこの水温レンジを追随することで冬から4月頃にかけての南下を起こしている可能性が高いと考えられます。

また、こうした水温選好性がサクラマスの魚種としての特性であるならば、その前の段階で行なわれるスモルトのオホーツク海への北上や、同海域からの離脱も同じく海水温の季節変化と連動して起こっている可能性が考えられます。事実、サクラマスの成魚が滞泳する8～9月頃のオホーツク海湾口の水温は概ね8～10℃の範囲にあり（湾奥よりも温かい）、一方で成魚の南下が始まる10月頃は同海域の水温が下がり始める時期と重なっており、この仮説を支持します。

ただし、サクラマスが基本的に8～10℃の水温レンジを選好する魚だとしても、もちろん回遊行動はその他の種々の要因（摂餌環境、海域の地形、海流、成魚の生理的状態など）の影響を受けるものと考えられますので、成魚が8～10℃の海域を求めて際限なく南下（北上）することや、何が何でもこの水温レンジ内に留まろうとすることもないだろうと思っています。実際、日本海ではこのレンジからはやや逸脱する周辺海域（水温6～14℃）においても一定数のサクラマスの成魚が見られます。

一方、4月上旬以降に日本海（太平洋）の水温が上昇すると、サクラマスの成魚はこの8～10℃の水温レンジを追随することで再び海域を北上するのではないかと考えられます。つまり、こうして概観するとサクラマスの海での回遊の大部分は海水温の季節変化の影響を受けているものと考えられます。

では、仮にサクラマスが選好する日本海の水温8～10℃のエリアが何らかの要因（気候の寒暖や対馬暖流の張り出しの盛衰など）によって南や北にずれてしてしまった年には、どのようなことが起こるでしょうか。

まず、日本海の水温が寒冷化によって全般的に低下したと仮定した場合、理屈的にはサクラマスの南下の時期は早まり、冬から春にかけての滞泳エリアが例年よりも南（西）側に移動する可能性が高くなると考えます。ただし、前述したようにサクラマスの滞泳エリアが際限なく南下し続けることもないと思われます。

一方、反対に日本海の水温が温暖化等によって全般的に上昇した場合、理論的にはサクラマス成魚の南下の時期は遅れ、冬から春にかけての主群の滞泳エリアが例年よりも北側の海域に移動する（足止めされる）可能性が高くなると考えられます。もちろん、この場合も主群の滞泳エリアが際限なく北上するわけではなく、一定程度の成魚の南下は起こると考えられますが、それでも日本海を南下するサクラマスの全体数は減ってしまうと考えられます。

全盛期に比べてサクラマスの遡上量が明らかに減っている九頭竜川。温暖化による周辺海域の海水温の上昇が原因の1つと考えられる

こちらは富山県神通川。近年の北陸河川は総じて魚が少ない印象がある

春の秋田県雄物川。同水系では早期遡上群と5月以降の後期遡上群が2回に分かれて母川遡上する可能性がある

日本海の海水温が上昇することによる副次的影響

そこで、ここからは特に温暖化方向に絞って、日本海の水温上昇がサクラマスの成魚に及ぼす影響について、さらに掘り下げた推論を試みます。

まず、温暖化によって8～10℃の海域が北にずれ、成魚の南下が抑制されてしまった場合、その次に起こり得るシナリオの1つとして、日本海の南に行くほどサクラマス成魚の河川（母川）遡上数が減少する可能性が考えられます。

なぜならば、成魚が滞泳する海域が北に移動すればするほど、本来はより南の母川に遡上しようとしている成魚の母川河口域までの移動距離が延びてしまうからです。つまり、海域の温暖化が原因となって、成魚の滞泳エリアと母川河口域が乖離するという物理的な（アクセスの）問題が生じることになります。

またその時、単に海での滞泳エリアと母川河口域間の距離が離れてしまうだけでなく、おそらくはその間に横たわる海域の水温がサクラマスの選好する水温レンジよりも高温状態となり、成魚の母川回帰行動が生理的に抑制されてしまうことや、最悪の場合は滞泳エリアからの南下自体が行なわれなくなってしまう可能性も浮上します。

なお、これに対する反論として、サクラマスは他のサケ科魚類に比べると母川回帰性が強いため、海での滞泳エリアが多少母川から遠ざかったとしてもサクラマスは最終的にはどうにかして母川に到達できるのではないかといった、希望的観測も浮上します。しかし、近年の研究によればサクラマスの母川回帰行動は母川から海に流れ込む何らかの匂い成分を嗅ぎ取ることで実行される可能性が示されており、したがってサクラマスの成魚が母川に回帰するためには基本的には母川を含む川からの匂い成分が届く沿岸海域にまで南下（接岸）していることが必要と考えられます。

一方、温暖化によって起こり得るもう1つのシナリオとして、成魚の母川への遡上タイミングのずれや遡上機会の減少といった問題が生じる可能性が考えられます。この問題について述べるため、もう少し解説を補足します。

すでに述べたように、日本海のサクラマスは冬から4月上旬にかけて南下回遊を行ない、そこで一定期間、滞泳したのちに再度、日本海を北上すると考えられます。そして、成魚はこの間、いずれかのタイミングで自身の産まれた母川に遡上（回帰）すると考えられますが、その際、成魚たちは河口域に近づくことさえできればいつでも母川に遡上できるわけではなく、実際には川の水温や水量、あるいは自身の生理的状態といったいくつかの条件が整合することが必要になると考えられます。もしも仮に水温が極端に低い時期や水量が少ない時、あるいは成魚の生理的条件が充分に整っていない段階で母川に遡上してしまうと、遡上後の生残率の低下にもつながりかねないと考えられます。

そのように考えた時に、じつは日本海や太平洋で行なわれている、冬から4月頃にかけての南下やその付近での一定期間の滞泳、さらにはその後の北上には成魚の母川回帰の機会と成功率を増やす、セーフティーネットとしての機能があると私は考えています。

たとえば、秋田県の雄物川水系などではサクラマスの成魚が冬の間（早期遡上群）と5月以降（後期遡上群）の2回に分かれて母川遡上するのではないかと私は考えていますが、もしかすると、早期遡上群とは冬に日本海を南下する成魚の一部が川に遡上したものであり、後期遡上群は4月下旬以降に海域を北上する、復路の集団の一部が母川回帰したものである可能性を考えています。つまり、こうして往路と復路の2回の遡上チャンスがあることで、いくつかの川では成魚の遡上数が安定し、最悪どちらかの遡上群が壊滅的な被害を受けてしまった場合でも次世代を残すことができるといった、日本海の資源安定の保険にもなっていると思っています。

また同様に、能登半島から島根県沖にかけての広い海域で一定期間の滞泳が行なわれるようになっていることで、このエリアから周辺の母川に遡上（アクセス）しようとする成魚にとっては一定期間の中から母川回帰に適当なタイミングを見定めるためのバッファータイムが提供されることになると考えられます。そしてもし、この推論が正しければ、温暖化によって日本海の水温が上昇傾向を示してしまうことで成魚の南下や北上のタイミングが例年とずれてしまったり、能登半島周辺海域における滞泳期間が短縮されることで成魚の河川遡上数が減少したり、遡上後の生残率が減少してしまうリスクが高まる可能性が考えられます。

なお、ここまでの推論にさらに推論を重ねてしまいますが、仮にこうして本州の日本海で母川に遡上できなかった成魚は、最終的には北上を続ける過程で北海道などのいずれかの河川に遡上（吸収）される可能性を考えています。拡大解釈すれば、これも迷入の一種と考えてもよいかもしれません。ただ、いずれにしても日本海全体の個体数が少ないので資源量との関係からこの推論（本来南方に遡上するはずのサクラマスが代替として北方に遡上しているか）を証明することは現時点では難しく、今後の耳石の分析などが必要と考えています。

米代川で釣られたサクラマス。本州日本海側のサクラマスが減少している理由を想像すると、出会えた1尾との感動が大きくなる

サクラマス減少の隠れ要因の可能性

最後に、日本海の温暖化が引き起こしかねない、さらなる問題についても触れておきます。それは、現段階では推論すら難しい、すなわち過去のデータの蓄積がほとんどない、我々にとっては新たなる脅威と呼べるものです。こうした問題は実態が捉えにくく、それでいて水面下では深刻な状況が進行している可能性も高いので、現段階では〝隠れ要因〟と規定しておき、今後の発見に備えておくべき事項となります。たとえば、ある河川ではヤマメが自然産卵しているにもかかわらず稚魚が極端に少なく、何らかの隠れ要因の影響が想定されていましたが、結果的にそこで導かれた答えは、じつはかつて上流の温泉街から脱走してきた、もともとはその場所にいないはずの養殖ゴイがヤマメの卵や稚魚を食害しているという可能性でした。

日本海でも、昨今のサクラマスの河川遡上数の減少の背後にこうした隠れ要因が潜んでいる可能性が充分に考えられ、予断を許しません。たとえばその1つに、温暖化によってこの海域に新たに進出し、勢力を拡大しつつある新規の魚食性魚（プレデター）の存在が考えられます。

現段階では魚種を特定するには至っておりませんが、今回、質問者からは近年の日本海のブリとサクラマスの資源量の間に負の相関があることを示すデータ（※1）を提供頂いております。生物学的に見れば、ブリがサクラマスの成魚や稚魚を食害しているか、あるいはブリの存在が餌資源の奪い合いなどによって間接的にサクラマスの資源を圧迫している可能性が見て取れます。今後、太平洋側のタチウオなども含めて、温暖化に伴う新たなプレデターによる食害の実態を調べる必要があります。

以上、今回はいつもよりもページ数を増やして回答いたしました。最後にもう1つ、サクラマスは今年（2023）、特に日本海側が不漁であったのに対し、太平洋側では比較的豊漁になっていると聞きました。そこで、気象庁のホームページ（※2）を見てみたところ、日本海では特にここ数年、サクラマスが選好すると考えられる8～10℃の海域が例年に比べて北寄りに位置していることが見て取れました（たとえば2023年3月のデータ参照）。その一方で、ここ数年、太平洋側では同じ時期に8～10℃の水温レンジの海域が広域的に三陸沿岸海域を覆っており、やはり今回のサクラマスの減少の背景には両海域の水温の違いといった、ある種のレジームシフトが直接、間接的影響を及ぼしていることが示唆されます。

※1新潟県2023年水揚情報
https://www.pref.niigata.lg.jp/site/suisan-kenkyu/2023mizuage.html
※2気象庁ホームページ
https://www.data.jma.go.jp/gmd/kaiyou/shindan/index_sst.html

あとがき

オレゴン州立大学の研究施設であるOHRC（Oregon hatchery research center）は、太平洋に注ぎ込むAlsea川の上流にある。この研究所は最寄りの街からはいずれも1時間以上離れており、日中の実験後の唯一の楽しみは目の前のAlsea川でスチールヘッドの稚魚がドライフライで、文字どおり入れがかりで釣れることだった。しかし、無邪気なスチールヘッドが釣れれば釣れるほど、思い起こされてしまうのは日本の渓を泳ぐ繊細なヤマメたちのことで、最後の頃には日没を待たずして納竿してしまうことも多かった。

日本の渓に立つと、どうしてこれほど心満たされるのだろうか。確かに、数時間粘って1尾も釣れないとAlseaの魚影の濃さが羨ましくなることもある。しかし、ようやく1尾のヤマメに出会うことができると、今でも心が高鳴ってしまう。

数十年前にこの世界に足を踏み入れて以来、ヤマメ（サクラマス）と我々が末永く共存するためにはどうすればよいかについて、微力ながら考えてきた。そのためにもサクラマスという魚の生理や生態、分類、彼らが辿ってきた進化の道筋、といったようになるべく多面的な理解が必要だとも考えてきた。北米やヨーロッパに通ってきたのも、当地のサケ類を知ることでサクラマスのことがより深く理解できるかもしれない、と思ったからである。その点において、私は自分のことも日本のサクラマスフリークの1人と規定している。

しかしながら、サクラマスは全サケ科魚類の中で見ればかなりの少数派であり、その資源は長らく低迷期が続いており、最近では希少魚類とまで言われるようになってしまっている。様々な現象を見ているとは北海道ではやや資源が増えつつあるようだが、本州では依然として厳しい状況から脱することができていない。とくに、近年の資源低迷はかつてのようなスポット的な水質汚濁や開発、あるいは乱獲といった明確な要因によってではなく、短・長期的な気候変動などのレジームシフトや、それに伴う太平洋の海水温や魚類相の変動といった複雑な渦の中で生じていると考えられる。おそらく、こうした環境変動の多くは周期的なものでもあり、短期的には再びサクラマスの資源が安定するフェーズもめぐってくるものと考えている。しかし、我々の人為の影響の如何によってはそれがpoint of no returnへの分水嶺になってしまうことも考えられる。あらためて我々は、この魚を未来に残すため、この魚と彼らを取り巻く様々な環境の変化に注視する必要がある。

今回、本書の中でも私見を述べたが、じつは最近、我が国に暮らしているサクラマス、サツキマス、ビワマスといったサクラマス群は太平洋に暮らす他の多くの太平洋サケ類の進化の原型（祖先型）の1つであった可能性を考えている。仮にそれが事実だとすると、サクラマスと関わることは、ひいてはギンサケやマスノスケやシロサケ、ベニサケ（ヒメマス）といった他の太平洋サケ属の種の保全や資源増殖を推進するうえでも重要な鍵（Key）になる可能性も考えられる。つまり何が言いたいかというと、サクラマス群の保全は単にサクラマス群を守ることだけにはとどまらず、北太平洋全体のサケを理解し、彼らの資源を健全な状態に保つことにもつながっているかもしれない。この先、サクラマスたちからどのような事実を教わることができるのか。そのことを思うと、私はますますこの魚の虜になりそうである。

初出『鱒の森』2019年11月号〜2023年10月号「連載 アングラーのための生態学教室。棟方トラウトゼミナール」&「本日開講！ 釣りが上手くなる生態学教室 Q&A」。

「序章 サクラマスの基礎生態について」、「第20回 サクラマスはどこからきたのか」は、書き下ろしとなります。

著者プロフィール

棟方 有宗（むなかた・ありむね）

東京都出身、宮城県仙台市在住。

2000年、東京大学大学院農学生命科学研究科水圏生物科学専攻博士課程修了。日本学術振興会特別研究員、宮城教育大学理科教育講座講師を経て同准教授。また2007年よりオレゴン州立大学（Department of Fisheries and Wildlife）courtesy faculty。

専門は、魚類行動生理学、生態学、環境教育学で、国内ではサクラマス、シロサケ、アユ、ウナギ、メダカ、タナゴの研究や保全に、またアメリカやノルウェーではスチールヘッドトラウトやアトランティックサーモンの研究に取り組む。

小学生の頃から川魚の釣りにはまり、現在はルアー、エサ、フライでヤマメやイワナなどのサケ科魚類をねらっている。

現在、『鱒の森』などに執筆しており、主な著書に『魚類の行動研究と水産資源管理』（共編著 2013. 恒星社厚生閣）、『求愛・性行動と脳の性分化（ホルモンから見た生命現象と進化シリーズ）』（共編著　2016. 裳華房）、『日本の野生メダカを守る - 正しく知って正しく守る -』（共編著　2020. 生物研究社）などがある。

サクラマス・ヤマメ 生態《せいたい》と釣《つ》り
鱒《ます》釣《つ》りと種《しゅ》の起源《きげん》を探《さぐ》る特別講座《とくべつこうざ》

2024年1月1日発行

著　者　棟方有宗
発行者　山根和明
発行所　株式会社つり人社

〒101-8408　東京都千代田区神田神保町1-30-13
TEL 03-3294-0781（営業部）
TEL 03-3294-0766（編集部）
印刷・製本　シナノ書籍印刷株式会社

乱丁、落丁などありましたらお取り替えいたします。

ISBN978-4-86447-728-4 C2075
つり人社ホームページ　https://tsuribito.co.jp/
つり人オンライン https://web.tsuribito.co.jp/
釣り人道具店　http://tsuribito-dougu.com/
つり人チャンネル（You Tube）　https://www.youtube.com/channel/UCOsyeHNb_Y2VOHqEiV-6dGQ